LITERATURAS DE ESPAÑA 1975-1998:
CONVERGENCIAS Y DIVERGENCIAS

FORO HISPÁNICO

Consejo de dirección
Patrick Collard (Universidad de Gante)
Nicole Delbecque (Universidad de Lovaina)
Henk Haverkate (Universidad de Amsterdam)
Hub. Hermans (Universidad de Groninga)
Francisco Lasarte (Universidad de Utrecht)
Maarten Steenmeijer (Universidad de Nimega)

LITERATURAS DE ESPAÑA
1975-1998:
CONVERGENCIAS Y DIVERGENCIAS

Bajo la dirección de

Andreu van Hooft Comajuncosas

AMSTERDAM - ATLANTA, GA 1998

∞ The paper on which this book is printed meets the requirements of "ISO 9706:1994, Information and documentation - Paper for documents - Requirements for permanence".

ISBN: 90-420-0486-X
©Editions Rodopi B.V., Amsterdam - Atlanta, GA 1998
Printed in The Netherlands

ÍNDICE

ESTUDIOS: LITERATURAS DE ESPAÑA 1975-1998: CONVERGENCIAS Y DIVERGENCIAS

- Andreu van Hooft Comajuncosas
  Introducción y presentación   9
- Germán Gullón
  El hispanismo ante la España autonómica   17
- Jon Kortazar
  Contextos europeos de la literatura vasca   25
- Isidor Cònsul
  Con el punto de mira catalán   33
- Luciano Rodríguez
  Poesía y narrativa gallegas, proceso de diálogo   45
- Antonio Jiménez Millán
  La razón narrativa: notas sobre la poesía hispánica de fin de siglo   61
- Andreu van Hooft Comajuncosas
  Una historia de historias: encuesta sobre historiografía literaria. Jesús María Barrajón, Óscar Barrero Pérez, Laureano Bonet, Enric Bou, Mercedes Brea López, Carlos Brito, Arturo Casas, Isidor Cònsul, Antonio Chicharro Chamorro, José María Díez Borque, Josep Maria Domingo Clua, Luis Miguel Fernández, Santiago Fortuño Llorens, Helena González Fernández, Carmen Herrero, Antonio Jiménez Millán, Jon Kortazar, Francisco Lafarga, Francisco López Estrada, Jordi Llovet, José Carlos Mainer, Javier Medina López, Joan Miralles i Montserrat, Enric Miralles García, Josep Murgades Barceló, Rosa Navarro Duran, Isabel Paraíso, Manuel Pérez Saldanya, Carlos Quiroga, Ángel L. Prieto de Paula, Xosé Luís Regueira, Carlos de la Rica (†), Álvaro Ruiz de la Peña Solar, Eva Valcárcel, Dolores Vilavedra Fernandez, Darío Villanueva   81

ANÁLISIS

- Robin Lefere
  Ambigüedades y estrategias en *Cagliostro*, ¿novela-film?   121

ARTÍCULO-RESEÑA

    Lieve Behiels
        Enfoques sobre la literatura del siglo diecinueve   135

COLABORAN   147

Andreu van Hooft Comajuncosas
Universidad de Nimega

INTRODUCCIÓN Y PRESENTACIÓN

Con la *Constitución Española* redactada y aprobada a finales del año 1977 por el parlamento español, se marcó un hito en la reciente historia de España. De un plumazo se borraron los intransigentes, grises y monótonos días que la dictadura franquista se ocupó de conformar. Aquella imagen simplista, distorsionada y fraccionada que, durante más de tres décadas, se proyectó hacia el interior del país mismo y hacia el resto del mundo; aquella imagen de un solo país y sólo uno, con una única cultura y, casi, sólo una única lengua quedará definitivamente postergada. Será esta carta magna que los ciudadanos españoles se otorgaron a sí mismos la que declare, reconozca y asimile la realidad plurilingüe y diversa de este país.

Desde entonces y hasta hoy los ciudadanos de las 17 autonomías que conforman el estado español han venido realizando, a pesar de una minoría intransigente, uno de los ejercicios más interesantes de civilidad: la aceptación de la diversidad cultural y reconocimiento de la otredad como una de las características fundamentales del estado español. Se ha pasado de la negación automática y el desdén por lo otro, a una mayor muestra de interés y reconocimiento de lo ajeno. Este paulatino proceso de acercamiento, la curiosidad mutua y la voluntad de conocer los discursos que se expresan en las diversas lenguas que son habladas por los ciudadanos españoles es, sin lugar a dudas, uno de los logros más importantes de estos últimos veintitrés años.

Este número de *Foro Hispánico* pretende, precisamente, demostrar al lector que este proceso de apertura y de aceptación de una realidad plurilingüe que se expresa en *galego, català, euskera* y castellano es un hecho cada vez más evidente a pesar de su lentitud.

En el mundo de las letras y corroborando la dinámica de acercamiento y reconocimiento inicial y general que supuso la declaración realizada en *La Constitución Española* (1978), parece evidente que el interés y la curiosidad despertados por las otras literaturas peninsulares e insulares desde y en los diferentes dominios lingüísticos que conforman el mapa idiomático español, han manifestado un crecimiento, por lo menos, remarcable. De tal modo que ya va siendo más normal que obras escritas en vasco, gallego, catalán y castellano sean traducidas a las otras lenguas del estado. La edición en vasco, castellano y catalán de la obra narrativa de Bernardo Atxaga; o la prosa de los gallegos Manuel Rivas, Xuxo de Toro y Carlos Casares editada también en castellano; o la publicación de narraciones y novelas en catalán y castellano de los autores catalanes Quim Monzó, Carme Riera, Miquel de Palol, Sergi Pàmies, Robert Saladrigas y de los valencianos Ferran Torrent y Joan Francesc Mira; y la actividad editorial en la publicación de dichas traducciones y otras por parte de casas editoras como Alfaguara, Tusquets, Península, Columna, Ediciones B, Quaderns Crema, Lumen o Anagrama son un buen ejemplo de ello.

Así mismo, es cada vez más usual constatar la aparición de antologías poéticas bilingües y plurilingües que retoman el talante abierto de aquella antología plurilingüe (castellano, catalán y gallego) de José M. Blecua titulada *La floresta lírica española I y II* cuya primera edición está fechada en el año 1959. Sirvan también de ejemplo los tres números monográficos que la revista malagueña *Litoral* dedicara en 1993, 1995 y 1996 respectivamente a la poesía contemporánea y última escrita en lengua catalana, vasca y gallega, o el número monográfico que la revista bilbaína *Zurgai* (1993) dedicó a la poesía gallega contemporánea. O las antologías de poesía catalana vertidas al castellano (Goytisolo 1968, Batlló 1969, Marco y Pont 1984); citamos aquí la antología bilingüe más reciente editada por José Agustín Goytisolo, *Veintiún poetas catalanes para el siglo XXI* (1996). O las antologías editadas en catalán y castellano de poesía gallega; pongamos como ejemplo de la primera *Sis poetes gallecs* (1990) editada por Àlex Susanna, y como ejemplo de la segunda *Poesía gallega hoy* (1990) de cuya edición se cuidó Basilo Losada. Igualmente merece la pena nombrar la creación de colecciones de poesía que editan en diferentes lenguas y de forma bilingüe; este es el caso de la colección "Poè/ética" de ediciones Península/Edicions 62, en que se edita en catalán, castellano y en textos bilingües. Por la relevancia de su presencia e historia hay que nombrar la editorial Visor de Madrid que incluye en su "Colección Visor de Poesía" obra traducida al castellano de poetas catalanes como Joan Vinyoli, Pere Gimferrer, Narcís Comadira y Carles Riba, así como del poeta gallego Álvaro Cunqueiro.

Los datos parecen demostrar que en la actualidad se ha retomado con cierta evidencia la actitud abierta que en su día Jorge de Montemayor

(¿1529?-1561) expresara con su traducción al castellano de la obra en verso del gran poeta catalán Ausiàs March (1379-1459), permitiendo de esta manera que la obra de este último fuera accesible e influyera en autores españoles de la talla de Juan Boscán (1474-1542), Garcilaso de la Vega (1501-1536) y Fernando de Herrera (1534-1597).

También en el ámbito de los reconocimientos a la labor literaria, los Premios Nacionales de la Crítica han marcado el tono con sus cuatro secciones dedicadas a las literaturas escritas en castellano, catalán, vasco y gallego, sentando, de esta manera, precedente en la labor de promocionar y difundir conjuntamente estas cuatro literaturas.

Este movimiento de apertura hacia un proceso de convergencia editorial mediante la traducción y difusión de obra escrita en las diferentes lenguas de España también puede observarse en la recepción llevada a cabo desde las revistas de literatura. Lo afirmado antes viene corroborado por la introducción de secciones dedicadas a las literaturas vasca, gallega y catalana en revistas que en el pasado sólo o principalmente tomaban en cuenta aquellas obras escritas en castellano (sirvan como botón de muestra las revistas *Ínsula* y *Leer*). Por la vertiente más generalista, la recepción se extiende también a suplementos culturales de la prensa escrita en periódicos como *El País*, *ABC* o *Segre* (Lleida) por presentar algunos ejemplos, y, por el lado más minoritario, en revistas y publicaciones universitarias. Además y confirmando la ampliación y el eco de la recepción de, sobre todo, la poesía escrita en las distintas lenguas del estado hay que destacar, como señala Antonio Jiménez Millán (1993: 43), la labor de algunas revistas literarias como *Renacimiento*, *Olvidos de Granada*, *Reverso*, *Hélice* y *Puente de Plata*.

Todo lo dicho hasta ahora puede ser interpretado como síntoma evidente de la presencia de una dinámica o proceso de convergencia que, por lo menos en lo que atañe a la colaboración editorial, de traducción y de crítica, constatan y confirman el acercamiento de unas literaturas a otras. Obviamente este proceso puede ser visto, interpretado y valorado desde perspectivas muy diversas. Paralelamente a la presencia de estos hechos socio-literarios, editoriales y metodológicos, cabe la posibilidad de que existan corrientes e influencias mutuas, o poéticas compartidas entre los autores pertenecientes a los cuatro bloques de coherencia lingüística y cultural objeto de estudio en este número.

Junto a la posible existencia de estas convergencias de fondo; junto a la constatación, como se verá, de que existen poéticas, temáticas y aproximaciones en poesía y prosa que sobrepasan los límites lingüísticos - hecho este último que podría confirmar, a nivel de contenidos, el proceso de convergencia editorial o formal apuntado arriba -, puede muy bien darse el caso de que en una u otra literatura existan poéticas, tendencias, posiciones que diverjan, parcial o completamente, de las otras literaturas peninsulares e insulares de España. Tampoco es impensable una situación intermedia en la que hagan acto de presencia dinámicas convergentes y divergentes dentro de un mismo dominio de coherencia lingüística y cultural.

Por todo lo dicho hasta aquí, creemos interesante que este número de *Foro Hispánico* ofrezca, desde la perspectiva de cada participante, una visión de conjunto y sean estos artículos de fondo los que faciliten al lector los datos, opiniones y criterios necesarios para que él mismo se forme una imagen propia de hasta qué punto, en qué y cómo convergen o divergen las literaturas vasca, catalana, gallega y castellana de estos últimos veintitrés años. Hemos optado por la presentación de artículos panorámicos para, precisamente, intentar ofrecer una visión global que permita al lector hacerse su propio mapa, aún a sabiendas del riesgo que este tipo de ejercicios pueden entrañar, es decir, la posibilidad real de que el lector pueda perderse en la amplitud de los temas y el laberinto de los nombres y títulos citados. No obstante, estamos convencidos de que los cinco especialistas aquí reunidos, cada uno desde la tradición literaria de que proceden - Germán Gullón y Antonio Jiménez Millán desde la literatura escrita en castellano, Jon Kortazar desde la literatura vasca, Isidor Cònsul desde la literatura catalana y, por último, Luciano Rodríguez desde la literatura gallega - pertenecen a ese tipo de guía que todo viajero desearía toparse en uno de sus viajes por tierras extranjeras.

El objeto, o mejor dicho, los objetos de análisis en y los límites de este número vienen dados por la elección de las cuatro lenguas mencionadas antes sin que ello vaya en menoscabo de aquellas otras variedades idiomáticas habladas en España como, por ejemplo, el bable. La cooficialidad de las cuatro primeras en las distintas autonomías ha sido el criterio determinante. También podría haberse tomado en consideración o haber partido de otros criterios además del puramente lingüístico. Por ejemplo, el criterio geográfico (García de la Concha 1986, Nuez 1993), que hubiera dado pie a la redacción de artículos sobre, por nombrar alguno, la literatura canaria, la literatura valenciana, aragonesa o manchega; u otros criterios como el de los géneros, las épocas, períodos o generaciones, o la elección de criterios temáticos o estilísticos... A pesar del indudable interés de una u otra perspectiva, dejamos para otros, para otra ocasión y otro lugar la atención que éstas se merecen.

El diálogo de este número lo abre Germán Gullón mediante una reflexión desde la perspectiva hispanista, sobre la necesidad de reformular la definición y función de los estudios hispánicos a tenor del desarrollo histórico y la realidad plurilingüe del estado español. Germán Gullón discute los criterios y paradigmas que han conformado la visión nacionalista hispánica hasta hoy y, después de señalar y subrayar líneas de convergencia entre obras y autores pertenecientes a las distintas tradiciones literarias y afirmar su adhesión a la idea expresada por Martí de Riquer en estas palabras: "la cultura es una, aunque hable en diferentes lenguas", propone que los departamentos y secciones de Lengua y Literatura Hispánica y los programas de enseñanza universitaria fuera de España recojan y presenten la diversidad lingüística y la pluralidad de expresiones del estado español en dichas secciones y programas.

Jon Kortazar ofrece un claro panorama diacrónico de la evolución de la literatura vasca actual (1975-1995) y la sitúa en el contexto literario europeo de este siglo. Especial atención merecen las relaciones de la literatura vasca con la literatura española, catalana y gallega. Las descripciones y análisis de las rutas seguidas por la novela y la poesía vascas durante las décadas de los setenta, ochenta y noventa así lo indican. La novela vasca aparece acotada por términos como costumbrismo, existencialismo, nueva novela objetivista francesa, realismo, realismo sucio; por el *boom* de la novela suramericana y el realismo mágico; y por autores como, por ejemplo, Virginia Woolf, Jorge Luis Borges, Julio Cortázar e Italo Calvino. En cuanto al desarrollo de la poesía, Jon Kortazar presenta y comenta las aportaciones de las distintas generaciones y constata la presencia de la corriente social-realista de los primeros setenta, el intimismo, la vanguardia, el surrealismo y la parodia, el neorromanticismo; y la huella de dos autores, en la llamada corriente de la poesía de la experiencia, uno de Barcelona, Jaime Gil de Biedma, y el otro inglés, W.H. Auden. La segunda parte de su artículo la dedica Jon Kortazar a las peculiaridades de la novela y poesía vascas de hoy. Dos son los ejes determinantes: para la poesía la temática y métrica de la poesía popular y tradicional vasca; para la novela el discurso novelístico de corte realista comprometido y militante con el ideal independentista.

Isidor Cònsul viene a afirmar en las primeras líneas de su artículo que las literaturas occidentales funcionan como vasos comunicantes, lo que una tradición da lo puede (re)tomar otra y vice-versa. Y a partir de aquí se centra en la realización de una caracterización del desarrollo de la literatura catalana durante el período 1975-1995, sobre todo a partir de los datos editoriales. Datos que le permiten realizar un análisis sobre la recuperación y consolidación de los distintos géneros literarios y de la literatura de género como, por ejemplo, la novela erótica, la novela de ciencia-ficción o la novela negra durante los años ochenta y noventa. En su análisis, también da cuenta del proceso de asimilación y el impacto de las literaturas extranjeras en Cataluña, llevado a cabo mediante las traducciones al catalán de obras escritas por autores foráneos. A su vez, señala la iniciación del proceso de internacionalización de la literatura catalana mediante la traducción y edición de obras de autores catalanes en otras lenguas. Especial atención dedica a la importancia de los autores de la llamada generación de los '70 como dinamizadores de la literatura actual tanto mediante su vertiente creativa como por sus actividades relacionadas con la investigación académica y la divulgación periodística, y por su participación activa en el foro político. Isidor Cònsul cierra su artículo realizando un balance sobre los problemas, carencias y perspectivas de la literatura catalana de hoy.

Después de indicar en las líneas iniciales de su artículo que su aportación a este número de *Foro Hispánico* es una baza más para que el lector realice el ejercicio de literatura comparada propuesto, Luciano Rodríguez describe y analiza el desarrollo de la literatura gallega escrita entre los años 1950 y 1998. La necesidad de sobrepasar los límites cronológicos de este número (1975-1998) viene motivada por la afirmación del mismo autor según la cual la literatura gallega inicia su período de restauración durante la década de los cincuenta. Afirmación que viene corroborada por el calibre de los autores que se encuentran durante ese período: los viejos maestros, Blanco Amor, Dieste y Cunqueiro junto a los autores que se encargarán, durante los cincuenta y sesenta, de la recuperación cultural que sentará las bases de las que partirá la literatura gallega de hoy. Este importante punto de partida y enfoque metodológico abren el discurso histórico de Luciano Rodríguez en los apartados uno y dos de su artículo. En el tercer apartado dedica atención a la situación de la novela y poesía durante los años cincuenta y sesenta. En cuanto a la primera, la caracterización de este período y las obras escritas en ese momento se realiza presentando detalladamente los enlaces de los autores gallegos con la obra de autores y tendencias internacionales del momento. Para la poesía, establece la existencia de dos grupos de poetas, el de los nacidos en los años veinte y el grupo de poetas nacidos en los años treinta. Y pasa revista a los componentes de ambos grupos indicando las obras editadas y comentando la temática, tono y estilo utilizados por dichos poetas. En el cuarto apartado, realiza una caracterización de la actividad narrativa de los años ochenta y noventa mediante una serie de glosas críticas y comentarios dedicados a cada uno de los autores y obras más representativos de este período. En el quinto apartado dedica atención a la poesía escrita durante estos últimos años (1980-1998). Aquí el proceder de la exposición es distinto al apartado anterior. Luciano Rodríguez perfila las características de la poesía de los ochenta y noventa y, a su vez, traza las propuestas temáticas de los autores gallegos actuales en su conjunto. En el sexto y último apartado incidirá en la presencia de una poética común compartida por una parte de los poetas gallegos actuales con sus coetáneos vascos, catalanes y castellanos.

Antonio Jiménez Millán presenta un ensayo en el que expone, comenta y defiende la existencia de un evidente punto de convergencia entre una serie importante de poetas contemporáneos procedentes de las distintas tradiciones literarias estudiadas en este número. Para localizar este nexo o lugar común que sobrepasa los límites lingüísticos, Antonio Jiménez Millán propone el nombre de "la razón narrativa" frente a la denominación más usada de la "poesía de la experiencia". Esta corriente poética, que en la actualidad comparte tiempo y espacio con otras corrientes como, por ejemplo, la llamada estética de la diferencia, será objeto de análisis a lo largo de todo el artículo. Sin embargo y en las primeras páginas, el autor abre su exposición con una crítica de la validez del método generacional, y traza las líneas seguidas por la poesía escrita con anterioridad al período 1975-1998 objeto de estudio aquí. En el segundo apartado, fija las bases metodológicas y ofrece los datos que confirmarán la existencia de la poética de "la razón narrativa". La necesidad de replantearse la función de la poesía por parte de los poetas actuales y la defensa del concepto de tradición literaria - entendido como la serie de enlaces o ausencia de éstos en la obra de un autor con otros autores de otras tradiciones, sean coetáneos o del pasado - como criterio válido para describir el estado de una obra o corriente poéticas frente a los límites del método generacional, conforman el fundamento de la tesis de Jiménez Millán. A partir de este punto y en los siguientes apartados, describe y caracteriza esta poética compartida que él mismo ha denominado "la corriente de la razón narrativa". En este sentido, son determinantes la corriente poética empirista inglesa representada por poetas como Auden, Larkin, Eliot, Spender; la idea del poema como una variante más de ficción, la ciudad como tema y escenario de los poemas, el poema como espacio en el cual las experiencias de lectura tienen cabida (las citas y referencias intertextuales); el artificio y lo verosímil, la parodia, la ironía y el intimismo, son, entre otros, rasgos que conformarán dicha poética. Todo el discurso crítico de Antonio Jiménez Millán viene ejemplificado mediante la cita de especialistas procedentes de los distintos ámbitos de expresión idiomática y, no menos importante, la inclusión de las opiniones de los mismos poetas que comentan cómo construyen su discurso poético. Por último pero fundamental, presenta un conjunto de versos escritos por poetas procedentes de las cuatro literaturas aquí estudiadas que, a modo de prueba irrefutable, ilustran y demuestran la tesis que Antonio Jiménez Millán defiende.

Los cinco discursos aquí presentados se complementan con nuestro trabajo que cierra este monográfico de *Foro Hispánico* y en el que ofrecemos los resultados de una encuesta sobre historiografía literaria realizada entre especialistas pertenecientes a los distintos ámbitos idiomáticos de España y cuyo objetivo es dilucidar cuál o cuáles son las formas más idóneas de presentar el decurso de las literaturas escritas en catalán, vasco, castellano y gallego en el discurso histórico.

Sirva este número de *Foro Hispánico* sobre las expresiones literarias de la *pell de brau* (piel de toro), en palabras del poeta catalán Salvador Espriu, para contribuir, mantener y favorecer el diálogo establecido entre las diversas manifestaciones idiomáticas ibéricas y entre las diversas culturas peninsulares e insulares que conforman el estado español.

BIBLIOGRAFÍA

Batlló, José (ed.)
    1969   *Seis poetas catalanes*. Madrid: Taurus.
Blecua, José María (ed.)
    1959   *La floresta lírica española I y II*. Madrid: Gredos.
Cámara de los Diputados y Senado
    1978   *Constitución Española*. Madrid: BOE.
García de la Concha, V. et al.
    1986   *Literatura contemporánea en Castilla y León*. Valladolid: Junta de Castilla y León.
Gónzalez Langarika, Pablo (Dirección)
    1993   *Zurgai. Poesía gallega*. Bilbao: Diputación Foral de Navarra.
Goytisolo, José Agustín (ed.)
    1968   *Poetas catalanes contemporáneos*. Barcelona: Seix Barral.
    1996   *Veintiún poetas catalanes*. Barcelona: Lumen.
Hernández, Patricio (ed.)
    1995   *Litoral. Poesía vasca contemporánea*. Torremolinos: Revista Litoral S.A., números 205-206.
Jiménez Millán, Antonio
    1993   'Introducción a la poesía catalana contemporánea. Una tradición propia.' En: *Litoral. Poesía catalana contemporánea*. Torremolinos: Revista Litoral S.A., números 199-200.
Losada, Basilio (ed.)
    1990   *Poesía gallega de hoy*. Madrid: Visor.
Marco, Joaquín y Jaume Pont
    1984   *La nueva poesía catalana*. Barcelona: Plaza y Janés.
Nuez, S.
    1993   *Literatura canaria contemporánea*. Las Palmas de Gran Canaria: EDIRLA.
Rodríguez, Luciano y Antonio Jiménez Millán (eds.)
    1996   *Litoral. Poesía gallega contemporánea*. Torremolinos: Revista Litoral S.A., números 209-210.
Susanna, Álex (ed.)
    1990   *Sis poetes gallecs*. Barcelona: Columna.

Germán Gullón
Universidad de Amsterdam

EL HISPANISMO ANTE LA ESPAÑA AUTONÓMICA

La nueva realidad histórica

Al hablar de temas culturales de actualidad resulta obligado advertir de la provisionalidad de las ideas expuestas, que son, en esencia, propuestas para un diálogo apenas iniciado sobre el nuevo estatus de la cultura española cuando todas las lenguas del Estado piden ser representadas, como es justo y consecuente que así sea, en el panorama cultural del país. Además, nos hallamos ante la puerta de salida de la posmodernidad, que se ha caracterizado por un cuestionamiento, sin precedentes en la época moderna, de los cánones culturales. Lo que por muchos años se pensaba como inamovible, las famosas listas de lectura obligatoria, fueran de libros de historia o de literatura, han sido puestas en entredicho, y, por lo general, arrinconadas o, al menos, corregidas. El desarrollo e influencia de las ciencias sociales, con la antropología a la cabeza, aconsejaron modificar puntos de vista; un caso bien conocido proviene de los estudios de la mujer, que obligó a la inclusión en el curriculum de una enorme cantidad de artistas y de temas a los que nunca se prestaba la atención debida. Otro tiene que ver con la prioridad concedida al imperativo estético en toda expresión artística, que impedía el acceso (ascenso) social a numerosas manifestaciones, como puede ser el cante hondo o los géneros musicales populares, y valga también la zarzuela de ejemplo. El cambio ha sido, pues, cualitativo y cuantitativo.

El hispanista, y hablo dentro del marco que acoge estas palabras, tiene que realizar una tarea urgente, que es la de ajustar sus enseñanzas a la realidad histórica del presente español. El Estado a partir de la Constitución de 1978 ha pasado de ser uno centralista, el propio de la era de Franco, a ser uno autonómico, y, en consecuencia, la rica pluralidad de las autonomías que lo componen con sus respectivas lenguas deben estar presentes en cualquier enseñanza que se relacione con España.[1] El país, y peco de redundante, sólo se puede concebir hoy en su pluralidad, lo cual, a su vez, entraña una concepción del mismo en consonancia con el ritmo de desarrollo social de la comunidad internacional. La diferencia española es de muy otro estilo del que los viajeros extranjeros de la época romántica idearon, cuando recorrían la piel de toro llevados por el gusto de descubrir gentes y parajes exóticos. La diferencia la concebimos ahora en términos de nuestra riqueza y variedad de modos de estar en el mundo.

Una vez aclarada la cuestión de la nueva realidad histórica, que sigue en el presente su evolución social, aunque todavía muy fuertemente influida por la política, debemos plantearnos las cuestiones capitales por las que se viene desarrollando el diálogo sobre cómo llevar a cabo la realización del proyecto de una España plurilingüe.[2] Algunos preferirían que mi adjetivo fuera multicultural, y yo mismo he aportado opiniones al debate[3], pero prefiero ceñirme a un posible modo de inclusión de materiales provinientes de otras lenguas de la península distintas al castellano en los planes de estudios hispánicos. Hablaré primero, y de ahí mi toma de posición, de las posibles opciones a corto plazo para ajustar la enseñanza de lo español en el entorno hispanístico.

Una cultura y varias lenguas

Creo que de momento hay un escollo que se puede salvar con facilidad, que es el de que las culturas españolas, que no peninsulares, pues deben incluir a las islas Baleares y Canarias, sean presentadas en una unidad de mayor amplitud. Hace poco, el gran filólogo catalán Martín de Riquer decía al recoger el premio Príncipe de Asturias, que en España había una cultura que se expresaba en varias lenguas distintas. Yo interpreto esas palabras como la honda conexión que existe entre las manifestaciones culturales, se expresen en cualesquiera de nuestras lenguas. Las relaciones entre escritores castellanos, cántabros, gallegos, andaluces, o catalanes, por nombrar algunos de ellos, son evidentes. Y tanto pertenecen al acerbo cultural libros tan importantes como *Cantigas d'escarnho e de mal dezir*, que *Tirant lo Blanc*, como *El Quijote*.

Los grandes introductores de lo europeo al ámbito cultural nacional de la pasada centuria, se llamara Leopoldo Alas en Madrid y Oviedo, o José Yxart en Barcelona, o Emilia Pardo Bazán en La Coruña, o Juan Valera en Andalucía, o Marcelino Menéndez Pelayo en Santander, no se pueden separar. Ni cabe interpretar la barrera del idioma como una frontera infranqueable, puesto que se trata de un punto de acceso. En una sociedad democrática las barreras las erigen los interesados en impedir el acceso a intereses creados, y no quienes pretenden fomentar el intercambio. Si, por ejemplo, hablamos de la presentación en España de un filósofo tan importante como Nietzsche, que la hizo Joan Maragall, se da un caso ejemplar. Cuando el gran catalanista presenta un artículo, en 1893, para el *Diario de Barcelona* sobre la obra del filósofo, le recomendaron los directores que lo presentara a la censura eclesiástica, y Maragall, en vista de los impedimentos, lo publicó en catalán en la revista *L'Avenç*.[4] Nadie dudaría que la primicia maragalliana es válida para todo el territorio nacional, y que así debe constar, porque se trata de áreas culturales contiguas.

Creo que la metonimia (la contigüidad) debe ser el tropo apropiado a la hora de hablar del conocimiento cultural de la España democrática, de la interrelación entre las manifestaciones culturales ibéricas. Evitamos así la identidad de lo metafórico, que deja siempre las cosas un poco en el limbo de lo impreciso, y articulamos esas manifestaciones en una forma que las avecina unas a las otras. Quienes se empeñan en encontrar la identidad española levantando un espejo ante cada una de las regiones para comprobar si se ajusta a un supuesto modelo, pierden el tiempo, ya que la articulación del Estado español se basa en la extensión, en la continuidad, en lugar de en imposibles simetrías de igualdad, que con la historia a la vista resultan fáciles de contradecir. Podríamos incluso hacer extensiva la anterior aseveración, de la semejanza, a Europa, aunque aquí estaríamos hablando de un nivel de macro-relaciones.[5]

Por supuesto que las editoriales, las revistas, los periódicos, sean de cualesquiera ámbito lingüístico, funcionan con diversas lenguas, y nunca se han planteado la diversidad cultural, sino la lingüística. Los mismos ciudadanos funcionan dentro de las diversas autonomías sin sentirse distintos, y la movilidad en determinados mundos, como el de los negocios, sigue siendo alta. Los impedimentos provienen, cuando existen, de planteamientos ideológicos, no de la realidad social que nace en el seno de las sociedades modernas. Todo ello viene a constatar lo que decíamos, y coincidiendo con la opinión expresada por Martín de Riquer: la cultura es una, aunque hable en lenguas diferentes.

Junto a la cultura de que vengo hablando, la que Ortega y Gasset proponía que se escribiera con K, que alude a los sistemas de pensamiento y valores desarrollados por un determinado grupo, sea una región, un país, o el conjunto de ellos, hay otra que obligatoriamente tenemos que incluir. Aludo a la definición de cultura como la representada por la manera de vivir una sociedad, sus costumbres y hábitos sociales, las prioridades observadas en la vida diaria.

Requiere, por lo tanto, una atención especial por parte de los hispanistas la inclusión dentro de sus enseñanzas de la peculiaridad de las diferentes áreas lingüísticas. Y esto supone atender a áreas culturales que por lo general no caían dentro de su terreno, pero que hoy dada la enorme cantidad de material que proviene de las diferentes autonomías deben ser tenidas en consideración. Antes, en la situación predemocrática, los estudiosos pensaban que todo era una, como constaba en los lemas de aquella España, y estar en Extremadura era lo mismo que en Murcia, lo cual en las lejanas calendas de la posguerra tenía un no sé qué de verdad, pues la política estatal iba dirigida, y la palabra cuadra a la perfección, a homogeneizar el territorio nacional. En 1997, esa unidad cultural cambió de signo.

La coyuntura actual de los estudios literarios, culturales en general, ofrece posibilidades de estudio de la diversidad que eran impensadas en el pasado. En parte, porque desechamos ideas decimonónicas, de cuando la ideología burguesa se dedicó a elaborar barreras discriminatorias entre todo lo que era diferente a los valores importantes para una clase. A fines de la presente centuria la diversidad no se concibe en términos negativos, sino positivos. Pienso, por ejemplo, en la rica variedad de paradigmas de estudio innovadores. Me refiero a la investigación de temas, de modelos de análisis nuevos, con que contemplamos las manifestaciones culturales, como puede ser el efecto de las ciudades o de la vida cotidiana o de la correspondencia privada. Un curso de literatura puede, además de los valores estéticos o puramente lingüísticos de una obra, fijarse en los contrastes que ofrecen las grandes ciudades, representadas digamos por Miguel de Unamuno en *Paz en la guerra*, por Eduardo Mendoza en *La ciudad de los prodigios* (Barcelona), o en *La colmena* (Madrid), de Camilo José Cela, o el Santiago de Compostela, de *Recóndita armonía*, de Marina Mayoral. Si se presta atención a estos asuntos, la diversidad de maneras en que se organiza la vida cotidiana en Bilbao, en Barcelona, en Madrid, en Santiago, durante una determinada época, puede dar idea al estudioso de la variedad de modos de vivir y del impacto de las épocas históricas que se reflejan o las afectan. Lo que cambia sustancialmente es que se le concede a la novela un estatuto diferente al habitual, se le permite que diga cosas que añaden al conocimiento del mundo del lector, y no nos conformamos en buscar en ellas o su belleza formal o su espejeo de la realidad social. Se las lee como obras vivas, en las que queda representado un modo de estar en la sociedad allí bosquejada.

Atrás quedan, deben quedar, las facilidades en que fuimos educados en los años sesenta, cuando un esquemita de la sociedad española, en que los buenos y los malos se repartían los papeles (Opus Dei frente a los laboralistas), y los estudiantes aprendían enseguida a hacer bandos de entre los escritores, y quizás entre las personas. Esta situación, que sirvió a muchos para investirse con una ideología, de derechas o de izquierdas, tanto da, que les hacía infalibles y buenos, pasó de moda. Por otro lado, los que recibimos educación estructuralista, que con unas nociones de dinámica organizativa equilibrábamos pronto una estructura para cualquier obra, comprendemos la necesidad de superar el formalismo.

Hoy, cuando el mundo se puede ver con infinidad de ojos, que llevan de un confín al opuesto, no basta esgrimir conceptos de escaso peso, porque los estudiantes saben demasiado.

Otro aspecto importante en una época en que la transversalidad con que se relacionan las artes entre sí, en especial las visuales, puede ayudar a este estudio integrado y de lugares con constantes culturales particulares. Me refiero a la incorporación de obras de pintura, de películas, de vídeos, de cd-roms, a la enseñanza, donde se puede analizar con bastante precisión la diversidad. Muchos de nuestros pintores han vivido, caso de Picasso, en diversas regiones españolas así como en el extranjero, lo que de cada uno de esos lugares contribuyó a su pintura puede ser instructivo. Su estudio provee la oportunidad para educar en las variedades de todo tipo, desde el folclore hasta las manifestaciones alejadas del gusto popular, a aspectos diferenciadores que enriquecen y matizan el carácter del conjunto.

Al igual que cuando se enseña el Siglo de Oro español es inevitable ahondar en las características de la cultura del imperio, desde el nacimiento de España a la inquisición, a las formas de gobierno absolutistas, al encuentro con América, a la presencia en Europa, cuando las tropas del gobierno abanderadas por el catolicismo imponían su voluntad en varios continentes, de forma parecida la España autonómica pide que se considere su diversidad. Mi propuesta es que se haga con estrategias que tengan en cuenta el acento cultural de lo español, los vínculos existentes entre las diversas manifestaciones de lo que hoy denominamos autonomías, atendiendo a las expresiones y los aspectos reveladores de semejanza y de diferencia.

A largo plazo, la formación de profesores en idiomas distintos al castellano pasará a tener una mayor prioridad, pues la enseñanza de las culturas peninsulares en el extranjero no permanecerá confinada en las áreas lingüísticas como hasta el presente. Es decir que enseñar España tendrá que ser inclusivo. A medio plazo, parece obligado por parte de los docentes e investigadores emprender una familiarización con las otras lenguas peninsulares, tanto con las históricamente reconocidas, como el catalán, con sus variedades balear y valenciana, el gallego, y el vascuence, como con el bable. Resulta imperioso que se vaya reconociendo la situación para que los encargados de trasmitir la realidad social española no venden los ojos de los estudiantes a los hechos. Poco a poco, la textura de la España plural se revelará, y el ángulo de enfoque personal de cada docente captará con una mejor perspectiva la realidad en cuestión.

La España de fines del siglo XX ofrece, en consecuencia, una textura de enorme riqueza, tanto cultural, social, como de ciudadanía, y de ella se deriva la riqueza que nos lleva a estar en multitud de foros internacionales. Las traducciones de libros españoles conocen hoy cotas impensadas hace un par de décadas, y a todos los idiomas, lo cual ofrece un plus para los hispanistas, pues permite un acercamiento rápido a lo español por parte de gentes a quienes les resultaba antes inaccesible. Aprovecharse de esta coyuntura no es cuestión de oportunismo, sino que sirve para mostrar la cara moderna de una cultura que por numerosas causas históricas, guerras civiles muy en particular, mantuvieron sus modos de interpretar la vida y el mundo a la sombra de otras tradiciones.

Si durante años los docentes de español hemos lamentado el exceso de manifestaciones de la España de pandereta que se nos imponía, tampoco se puede ahora reaccionar con un purismo que representa una parcialidad inaceptable, pues distorsiona también la imagen real de España. Esta mencionada tendencia a buscar la esencia de esa España eterna, purista, conduciría a buscar una utopía, a escarbar en el pasado, a mirar hacia atrás. Conviene, en fin, presentarse en nuestra particularidad, pero con una perspectiva universal.

Los hispanistas nos beneficiaremos mucho si aplicamos a la enseñanza una actitud flexible, semejante a la que se encuentra en los propios protagonistas de la cultura, en los que la intertextualidad, la mezcla de contextos, es constante. Bernardo Atxaga puede escribir una obra en vascuence *El hombre solo*, en la que aparece un terrorista vasco que vive en Cataluña, y que el mismo autor traduce al castellano. O las novelas del prolífico Manuel Váquez Montalbán, en que sus personajes, afincados como él en Barcelona, cruzan la geografía española. O el mismo escritor, que desde su casa barcelonesa, sigue los acontecimientos y desarrollos sociales de todo el país, y su opinión, expresada en unas amenas crónicas, es respetada a lo largo y a lo ancho del territorio español. O qué diremos de los cantautores catalanes, con Joan Manuel Serrat y Raimón a la cabeza, cuyas canciones siguen impactando en gentes de todos lados. El polen cultural se esparce por cada rincón, y la planta, sea de donde sea, germinará en los lugares más insospechados. En el momento actual es importante, igual que lo ha sido siempre, hablar de la procedencia y del origen de este chico rincón, y de su contribución a ese colectivo cultural, social, y político, de esa también pequeña parte del universo que se llama Europa.

De la misma manera, los que se dedican a la enseñanza del español tampoco deben dejar fuera de sus intereses lo que se publica allende el Atlántico, donde encontramos una fraternidad lingüística y cultural que requiere atención, porque en última instancia esas culturas nos completan al igual que nosotros completamos la suya.

La nueva tradición de estudios hispánicos propuesta en las líneas precedentes conlleva proyectos a corto, medio y largo plazo, en que los contactos con la cultura y su trasmisión cambien sus modos habituales de proceder. Aunque lo esencial es entender que el mundo de las culturas tiene múltiples protagonistas, que se relacionan en condiciones de igualdad, con lo que se abandona el imperialismo impuesto por el dirigismo decimonónico. Se termina el siglo XX, llegó el momento de decir adiós a los planteamientos del XX.

NOTAS

1. Existe una extensísima bibliografía respecto a los cambios que se han producido y los que se preveen en la configuración del estado español. Como puntos de partida se pueden tomar libros como el de Jesús Leguina Villa, *Escritos sobre autonomías territoriales* (Madrid: Tecnos, 1984), o el de varios autores, *Federalismo y estado de las autonomías* (Barcelona: Planeta, 1988).
2. Fernando García Cortázar y José Manuel González Vesga en su popular *Breve historia de España* (Madrid: Alianza Editorial, 1993), plantean este tema de la siguiente manera: "Pero desde el siglo XIX, una misma ideología, el nacionalismo, engangrena los desacuerdos al inventar términos excluyentes: España frente a Catalunya. Euzkadi o Galiza. Mediatizados por ella, políticos e intelectuales no se conforman con disfrutar plácidamente del patrimonio recibido, sino que manipulan los testimonios de nuestros antepasados haciéndoles protagonistas de preocupaciones modernas." (8)
3. He trabajado este asunto en el artículo 'Multiculturalismo, imprenta y nacionalismo', en: *Actas del X Simposio de la Sociedad Española de Literatura General y Comparada*, Santiago: Universidade de Santiago de Compostela, 1996, 391-400.
4. Todo esto y mucho más lo cuenta E. Valentí Fiol, en 'Juan Maragall, modernista y nietzscheano', en: *Revista de Occidente* (1968), 59: 195-221.
5. Uno de los libros más importantes sobre la relación entre España y Europa se acaba de reeditar. Me refiero a *Los cimientos de Europa* (Santiago: Universidade de Santiago de Compostela, 1996), del maestro Enrique Moreno Báez.

Jon Kortazar
Universidad del País Vasco

CONTEXTOS EUROPEOS DE LA LITERATURA VASCA

Estoy convencido de que no cabe hablar de literatura vasca más que en su conexión con movimientos y círculos literarios más amplios, de forma que su explicación, su sentido y su lectura se aclaran en la convergencia con movimientos culturales generales, ya sean europeos o peninsulares. Esta convicción no surge sólo de la experiencia de un profesor de literatura que concibe la literatura vasca como una variante y versión de corrientes europeas, de un profesor que explica la literatura vasca desde el contexto cultural, estético e ideológico en el que se inscribe, y que se da cuenta de que esta forma de actuar aclara el sentido y la lectura de la literatura vasca, sino que viene avalada por los datos. Es posible que no se pueda entender el desarrollo de la literatura vasca, y más pronunciadamente en los últimos años, sin acudir a un léxico técnico de la historia de la literatura, sin utilizar términos como existencialismo, *nouveau roman*, realismo mágico, novísimos o estética de la experiencia, por citar algunos ejemplos.

Dicho de otra manera, la literatura vasca, muy posiblemente como otra literatura cualquiera, se encuentra en una situación de doble diálogo: hacia fuera, con las literaturas circundantes, española y francesa, con los movimientos estéticos emergentes y principales, y hacia dentro, hacia la tradición, hacia el discurrir de una historia propia, que mantiene una dialéctica entre lo viejo y lo nuevo, que permite la reflexión sobre la lengua que debe utilizarse, sobre los registros, sobre el estilo. Convergencia, con otros modos y maneras estéticos, y divergencia, mirada hacia la producción anterior, son dialécticas presentes en el discurrir histórico y cultural de la literatura vasca de los últimos veinte años.

Junto al esfuerzo por conectar con las grandes corrientes estéticas, en el mundo literario vasco existe otro convencimiento que se expresa en la idea de similar calidad entre productos literarios escritos en lengua vasca, con los que se producen en otras lenguas. La autoafirmación de calidad, y en este sentido el proceso de traducción de las obras de Bernardo Atxaga ha resultado paradigmático, suele basarse en dos elementos claves para entender el proceso histórico: en la comparación con el estado anterior de la literatura vasca en la época franquista, y en la contemplación desde dentro, desde la propia lengua y su estima de los productos literarios publicados. Curiosamente, no se tiene en cuenta un criterio que debería ser objetivo, como es el de la traducción. Bien es cierto que en los últimos años la narrativa y la poesía vasca han conocido la publicación en el exterior, en España y Cataluña principalmente, aunque no únicamente, de traducciones de obras escritas originalmente en euskera, pero su éxito ha sido reducido: Arantza Urretavizcaya, Juan Mari Irigoien, Joseba Sarrionandia, José Agustín Arrieta, Felipe Juaristi han conocido publicaciones fuera de las fronteras lingüísticas del País Vasco, pero también en este fenómeno los datos positivos, nunca antes se tradujo tanta literatura vasca, se mezclan con su relativo éxito las traducciones del euskera a otras lenguas, exceptuando las realizadas con la obra de Bernardo Atxaga, tienen un largo camino por delante. Desde principios de los años noventa se han producido dos fenómenos distintos: la traducción y publicación al castellano en el País Vasco, y la confección de antologías poéticas bilingües que han obtenido un cierto eco.

Es un reflejo de lo que venimos comentando aquella afirmación de Jesús María Lasagabaster:

> Es patente el esfuerzo que la literatura vasca - antes la poesía que la novela - por sintonizar en preocupaciones temáticas y en formas expresivas con los presupuestos estéticos y las convenciones literarias del entorno [...] Y con textos, en más de un caso, que resistirían dignamente la confrontación con ejemplos representativos de otras narrativas más desarrolladas.
>
> Pero no es en la comparación de las calidades, tan aleatoria y difícil además en el caso de las literaturas en lenguas tan diferentes, donde debe medirse el mérito o la significación de la actual narrativa vasca, sino en ese esfuerzo consciente, laborioso y claramente positivo en más de un caso de los narradores vascos actuales por situar su escritura en la órbita formal y temática, de las grandes narrativas contemporáneas. (1986: 23-29)

Lo que se dice para la narrativa puede aplicarse también para la poesía.

La literatura en la época democrática

Si se adquiere una perspectiva histórica del fenómeno literario, habría que situar hacia 1968, a la sombra del Mayo francés, las primeras manifestaciones literarias que conscientemente pretendían engarzar la literatura vasca con los movimientos contemporáneos. Fundamentalmente se realizó desde la adscripción de la novela al *nouveau roman* francés. Aunque en el fondo, en aquel momento la literatura realista social (y en esto existía ya una convergencia con las poéticas circundantes) mantenía una posición dominante. Llegaron a la literatura vasca nuevos escritores que socioculturalmente traían una nueva imagen: eran jóvenes, con estudios universitarios, agnósticos, a veces educados en el extranjero. Esto suponía la llegada de un nuevo talante, de la ruptura con posiciones conservadoras, de nuevas posiciones ideológicas, y del conocimiento del arte contemporáneo.

Los géneros mayores, la narrativa y la poesía, siguieron caminos diferentes. La novela vasca, tardía en su nacimiento y endeble en su concepción, había estado lastrada por una concepción costumbrista de la novela. El existencialismo rompió con esos moldes tradicionales.

A finales de los sesenta y principios de los años setenta, la novela de Ramón Saizarbitoria (1944) se dejó influir por la nueva novela objetivista francesa, adquirió la ideología de lo que se vino llamando antinovela: aquella que se convertía en la aventura de la escritura y no en la escritura de una aventura, según la fórmula conocida, y situó la novela vasca en la encrucijada de la renovación técnica y en los juegos del punto de vista y del tratamiento temporal. Más tarde, siguiendo las pautas de Beckett, la novela experimentó con la literatura del absurdo y con la estética del silencio.

A partir de este momento las posibilidades de narrar se dispersaron. Aunque la novela europea y la novela hispanoamericana, tras el *boom* del realismo mágico, fueron las pautas fundamentales sobre las que se desarrollaron las obras de los jóvenes autores, no fueron en ningún caso las únicas.

La novela intimista de influencia woolfiana, centrada en la visión de la personalidad femenina, apareció en la novela de Arantza Urretavizcaya (1947), la novela de género histórico a través de la visión de Mario Onaindia, el neorrealismo italiano influyó de manera decisiva en la narrativa de Anjel Lertxundi (1948), una de las voces más influyentes y creador de una de las obras más importantes de la actual novelística vasca, la ficción autobiográfica que buscaba rememorar los años pasados bajo el franquismo sirvió de eje novelesco para la creación de las ficciones de José Agustín Arrieta (1949), y, por último, la novela de carácter épico y de estilo sudamericano conformó la obra narrativa de Juan Mari Irigoien (1948).

Estas diferencias de planteamiento muestran la convergencia de la narrativa vasca con las literaturas circundantes. Muy probablemente, puede afirmarse que la narrativa que se desarrolla en los años setenta y primeros ochenta se centra en movimientos de carácter europeo o sudamericano; la ausencia de influencia española - salvando la importancia de la narrativa sudamericana - puede deberse al hecho de que la narrativa vasca busca la conexión con los movimientos dominantes, y, posiblemente, puede pensarse que la narrativa española no ocupaba en esa época una posición destacada.

En cualquier caso este esbozo de posiciones puede calificarse de pedagógico, pero trata de dibujar una situación general en una época determinada y no tiene en cuenta la evolución posterior de los autores. Algunos han dejado de escribir, otros se han mantenido en esa primera opción estética y, por supuesto, pueden citarse autores que han evolucionado y han experimentado con su creación artística.

A principios de los años ochenta se produce una nueva renovación de los postulados estéticos. De la mano de Bernardo Atxaga (1951), Joseba Sarrionandia (1958) y Koldo Izagirre (1953) la narrativa vasca se introduce por los caminos de la literatura fantástica. La influencia de Jorge Luis Borges y de Julio Cortázar enseñaba el camino de la causalidad mágica, ese engarce inesperado e inmotivado y, sin embargo, inaplazable entre dos elementos narrativos parecidos. El libro *Obabakoak* (1989) de Bernardo Atxaga, que reúne toda la trayectoria narrativa del autor hasta ese momento, puede ser el mejor ejemplo y la obra cimera de esta corriente. *Obabakoak*, reunión de narraciones organizadas en tres ciclos, recupera el tiempo mágico de la infancia y de la geografía personal de la nostalgia, pero a la vez es un compendio de elementos teóricos sobre el oficio de narrar. La presencia de Italo Calvino y de los juegos verbales del grupo francés OULIPO muestran una obra en la que el juego es reflejo de reflexión artística y metáfora del tiempo presente, porque no existe juego que no sea trágico.

Joseba Sarrionandia, a partir de su obra *Narrazioak* (1983), siguió un camino paralelo. Lo dicho para Atxaga puede servir para el comienzo de su obra narrativa, pero en su concepción fantástica pueden vislumbrarse elementos que provienen de la obra de Alvaro Cunqueiro con la inserción de lo maravilloso en un contexto cotidiano.

En una obra plural que recoge narraciones de distinto carácter, pueden citarse ecos de la obra de Faulkner, Eliot, Chejov o Pirandello. Y es que en la obra de Bernardo Atxaga y Joseba Sarrionandia el concepto de metaliteratura, la búsqueda de referencias literarias y culturalistas se convertía en una de las claves literarias.

No resulta fácil trazar los rasgos de la situación de los años noventa. La tercera promoción que sigue a los autores descritos sigue caminos diferenciados. Como primer acercamiento podría dibujarse el siguiente mapa: algunos autores han trabajado el ruralismo negro; un sentido faulkneriano de la narración guía sus pasos (Pako Aristi 1963), la influencia de Borges y Cortázar se mantiene operativa en la obra de Inaxio Mujika Iraola (1963) y Karlos Linazasoro (1962). Pero sobre todo se ha trabajado la llamada novela de género (Arantza Iturbe 1964; Joxean Sagastizabal 1956), y la narración ligera de matiz postmoderno. No faltan, sin embargo, y a ello nos referiremos en las divergencias, una corriente de tono realista, que pretende desde el realismo sucio, expresar las pulsiones y contradicciones de la sociedad vasca.

El desarrollo de la poesía fue paralelo, pero mantuvo una forma complementaria. En los primeros setenta la obra poética de Gabriel Aresti (1933-1975) había revolucionado toda la estética de la poesía vasca, que alargaba un lastrado modernismo, al crear una poesía de aliento social-realista. La poesía, como la novela, se había incardinado en la ciudad. La obra poética de Aresti tuvo, sin embargo, un efecto no deseado: toda la lírica vasca se convirtió en una lírica comprometida que avanzó desde posiciones social realistas, afines a la concepción realista del marxismo, hasta el compromiso nacionalista. En la época que revisamos, era la estética predominante, con el agravante además de que casi no se toleraba otra manifestación artística. Se debía ser comprometido o no ser. A pesar de la radicalidad de la propuesta, ya en los setenta se postulaba una senda simbólica en la obra de Mikel Lasa (1938), una adscripción al signo en las composiciones de Ibon Sarasola (1946), o la senda intimista que buscaba un nuevo romanticismo en el trabajo de Arantza Urretavizcaya. Un simbolismo de nuevo cuño, el signo y el intimismo fueron tres caminos abiertos a la dominante estética real-socialista. Xabier Lete (1944) comenzó su andadura poética con textos cercanos a la poesía social, pero fue derivando a una estética simbolista, y en su última entrega a una concepción antropológica de lo sagrado, que tanto debe a Espriu.

A ello había que añadir el trabajo de los seniors, que en la depuración del simbolismo venían trabajando desde los años cincuenta. Nos referimos al trabajo de tres poetas, Juan Mari Lekuona (1927), Bitoriano Gandiaga (1928) y Jean Diharce (1920). Frente al neorromanticismo de este último, los otros dos autores fueron capaces de evolucionar en su visión poética, creando una de las obras más asentadas de la poesía vasca contemporánea.

Tras la muerte de Franco, las jóvenes generaciones de poetas avanzaron desde el intimismo a la vanguardia. En este desarrollo cabe citar a los mismos nombres que cambiaron el panorama narrativo. Koldo Izagirre cultivó el surrealismo y la parodia. Pero con la experiencia vanguardista de Bernardo Atxaga y la culturalista de Joseba Sarrionandia el paisaje de la lírica vasca cambió casi por completo. Atxaga aprendió de la vanguardia europea para expresar un mundo que llamó *Etiopia*, como antífrasis a Utopía, un mundo que aprehendió el fragmentarismo del cine para comunicar una obra que representaba un mundo roto y que ha perdido la fe, y la unidad que representaban la verdad clásica y la ciencia.

Joseba Sarrionandia desarrolló, por su lado, una poesía que debía mucho a los encuentros poéticos de los novísimos españoles, que buscaba en el cine un modo y una manera de inspiración, que citaba a Holan, a Pessoa, a Seferis, pero que no renegaba de la obra de Pere Gimferrer.

Más tarde las cosas han cambiado más que ligeramente. Sarrionandia ha desarrollado una militancia política que le ha llevado a la cárcel y a la clandestinidad en el exilio. Bernardo Atxaga escribe poesía de distinta factura y ha desarrollado una importante obra narrativa.

En los años ochenta se desarrolló primero una poética que seguía el intimismo y el neorromanticismo como primera posibilidad estética de llegar a expresar un yo subjetivo enfrentado a un mundo que le llevaba al anonimato. Las primeras obras de Tere Irastorza (1961) y José Luis Otamendi (1959) se circunscribían a esta estética donde la cotidianeidad era un primer punto de apoyo para expresar un yo que buscaba en la realidad más inmediata su plataforma de inspiración.

Las figuras de Felipe Juaristi (1957), Amaia Iturbide (1961), Juan Kruz Igerabide (1956) han desarrollado lo que se ha dado en llamar una poética de la experiencia, que si no dependía directamente de Gil de Biedma, encontraba en sus seguidores (principalmente en García Montero) la teoría poética para desarrollar una meditación sobre la existencia en el País Vasco. Esta línea ha continuado en la reciente promoción poética que se ha dado a conocer en los primeros años de la década de los noventa. Gerardo Markuleta (1963) y Rikardo Arregi (1958) han desarrollado su obra poética por este mismo derrotero, a inicios de los años noventa, aunque, quizás, pueda pensarse que su estilo es más depurado. En ellos la obra de Auden ha dejado una huella de hondo calado.

Algunos elementos diferenciadores

En una literatura pequeña, dependiente de las grandes ideas que se crean fuera de sus fronteras, ¿existe algún punto de diferenciación y de diversidad? Antes de contestar, merece la pena detenerse y volver al principio de nuestra reflexión. Esta literatura se encuentra en un doble diálogo: hacia fuera - que es lo que hemos analizado hasta ahora - y hacia dentro, en un diálogo fructífero con su propia historia.

Hay dos puntos a considerar en la comprensión del fenómeno de la literatura vasca, como elementos que le confieren un cierto aspecto diferente, o si se quiere, por utilizar una palabra que en nuestro contexto adquiere resonancias políticas, 'específico'.

En primer lugar, cabría hablar de una corriente poética que basa su práctica en la profundización de elementos estéticos que obtuvieron relevancia como sustento de movimientos anteriores. Me estoy refiriendo en concreto a una poesía que, enraizada en la poesía popular y tradicional, busca nuevos caminos de expresión. Al ser la literatura vasca una literatura pequeña, en su historia ha conocido la influencia de modos, metros y géneros provenientes de la literatura oral. En concreto, en la oralidad vasca existe una estrofa que recuerda vagamente al haikú, y un procedimiento irracionalista que permite asociaciones poéticas. Pues bien, este procedimiento se utilizó con éxito en la poesía postsimbolista entre los años treinta y treintaiséis de nuestro siglo. Por su valor irracionalista, este procedimiento ha sido cultivado con profusión en la poesía de los últimos años. Corresponde a la poesía más tradicional, palabra que indica la preferencia de estos poetas por la lírica popular. En esta vertiente cabe citar a los poetas que buscan en la tradición literaria vasca un sustento para su propia poética. Quizás pueda citarse en este caso el trabajo de José Agustín Arrieta, Luis Berrizbeitia (1963) y Patziku Perurena, profundos conocedores de la tradición clásica vasca de donde adquieren un profundo virtuosismo en el uso de la lengua y el léxico. Del movimiento postsimbolista nace otra idea que ha mostrado su operatividad en la configuración de una poesía que muestra en la obra de Gandiaga su forma más exacta. Durante la creación de la poesía postsimbolista, algunos teóricos defendieron la idea de que había que utilizar un estilo casticista y conceptista, fundado en los modismos, que reflejara el espíritu de la lengua, que fuera reconcentrado en la expresión, y apenas traducible, a no ser por medio de la paráfrasis.

La particular situación política del País Vasco ha dado lugar a un movimiento literario que se ha dado en llamar literatura comprometida, realista, una literatura que en su militancia a favor de la independencia del País Vasco y en su defensa de una política anti-sistema ha creado una opción estética de forma característica. En 1988 se publica el ensayo *Marginalia* de Joseba Sarrionandia, libro teórico que configura esta opción estética. No en vano el contexto de actuación de los GAL ha dado alas a esta opción. En contra de la racionalidad burguesa, del sistema democrático, a favor de lo que llaman revolución, esta opción se define como "un grito de juvenil y rebelde gozo literario". La obra de Sarrionandia, posterior al año 1987, cuando publica su *Marinel Zaharrak* [Los viejos marineros] y el libro de Koldo Izagirre *Balizko erroten erresuman* [Tierra de molinos imaginarios] (1989) pueden configurar esta corriente que se ha llamado "militante". Así describe Iñaki Aldekoa la posición estética del movimiento:

> Se otorga a Aresti el liderazgo de la futura poesía vasca [...]. En ambas poéticas [la de Sarrionandia y la de Izagirre], haciendo la salvedad de la diferente factura de los poemas - en clave alegórica los de Izagirre, mucho más directos los de

Sarrionandia - subyace el ataque contra la "literatura burguesa" o "traidora". (1993: 25)

Las raíces románticas parecen claras en esta opción, pero su radicalidad estética se muestra en dos puntos: la protesta contra la situación de la sociedad y el acercamiento a las vanguardias. Las traducciones de Maiakovski y Salvat Papasseit pueden dar pistas de comprensión de esta estética, que ha creado un lenguaje, apoyado en las vanguardias, para expresar una versión de las posibles formas de ver la realidad que existen (¿coexisten?) en el País Vasco.

BIBLIOGRAFÍA

Aldekoa, Iñaki
    1993   'Introducción.' En: *Antología de la Poesía vasca. Euskal Poesiaren Antologia*. Madrid: Visor: 9-35.
Coco, Emilio
    1994   'Introduzione.' En: *Antologia della poesia basca contemporanea*. Milano: Croceti: 7-18.
Hernández, Patricio
    1995   'Introducción.' En: *Poesía Vasca Contemporánea*. Litoral, Málaga, 205-206: 24-37.
Kortazar, Jon
    1991   *Literatura Vasca. Siglo XX*. San Sebastián: Etor.
Lasagabaster, Jesús María
    1986   'Introducción a la narrativa vasca actual.' En: *Antología de la narrativa vasca actual*. Barcelona: Edicions del Mall: 9-43.

Nota: Los autores de las introducciones arriba relacionados son también los responsables de las antologías que se citan.

Este trabajo ha sido realizado dentro del proyecto de investigación financiado por el Gobierno Vasco (PI 95/107) y la Universidad del País Vasco (HA 108/95).

Isidor Cònsul
Universidad de Vic

CON EL PUNTO DE MIRA CATALÁN

A modo de prólogo

Vivimos en un mundo tan intercomunicado que las realidades singulares y específicas parece que llevan tiempo durmiendo en los libros de historia. Las corrientes estéticas circulan veloces por la rosa de los vientos y las nuevas tendencias corren ágiles arriba y abajo de las literaturas del canon occidental. Quizás sea por esta razón, que me parece un tanto gratuito y no sé hasta qué punto inútil, querer plantear, desde la perspectiva literaria catalana, las convergencias y divergencias que permiten la comparación (y a la vez una estrategia de singularización) con el resto de las literaturas peninsulares. Los movimientos estéticos siempre se han relacionado los unos con los otros y, en las letras catalanas, los préstamos e intercambios de influencias se han producido tanto en los ámbitos de geografía europea y mediterránea como entre los caminos más trillados de perfil hispánico.

Además, los grandes movimientos artísticos, desde el humanismo renacentista hasta las estéticas de vanguardia, han sido manifestaciones de amplio alcance, independientemente de que se hayan originado en un foco puntual antes de multiplicarse hacia otras geografías lingüísticas. Y cuando las corrientes artísticas son de menor prosapia ocurre más o menos lo mismo. Pongamos ejemplos. ¿Puede hablarse del *dolce stil nuovo* o de petrarquismo en las poesías francesa, italiana, castellana y catalana de los siglos XIV hasta el XVI? ¿Podría alguien explicar Garcilaso y Ronsard sin referirse previamente a Petrarca? ¿Narcís Oller, en pleno XIX, de quién fue más deudor, de Zola o de Galdós? ¿Qué tienen que ver los serventesios provenzales con las *Cantigas d'escarnho e de mal dizer* galaico-portuguesas? Y sin movernos de la misma tradición medieval, ¿por qué será que las kharjas mozárabes se encuentran en la base de las *Cantigas de amigo*, y por contra las *Cantigas de amor* tiene el mismo esquema temático y formal que la *Cançó provençal*? ¿*Tirant lo Blanc* y el *Quijote* existirían sin la tradición artúrica?...

Este paquete de interrogantes y otros que podrían añadirse sin demasiado esfuerzo alguno tienen como factor común una intercomunicación cultural que, según las épocas, ha circulado con más o menos velocidad de crucero. Lo cual no quiere decir que, al lado del volumen más o menos universalista de cada literatura, no haya muestras particulares, movimientos aparentemente nuevos e incluso autores originales que parecen estar orientados al estreno de una nueva tradición. Los ejemplos que lo demuestran también son claros, pero no acostumbran a ser frecuentes. En los últimos veinticinco años, pongamos por caso, hemos visto florecer imitaciones más o menos discretas de *Cien años de soledad*, y más recientemente de *Il nome de la rosa*. Pero, ¿puede hablarse de Gabriel García Márquez y Umberto Eco como eslabones de auténtica singularidad? ¿Detrás del mito de Macondo, no hay una lectura atenta de William Faulkner y de su curioso Yoknapatawpha County? Y, resulta evidente, en el caso de Umberto Eco, la aritmética aditiva de recursos policíacos tomados de Sir Arthur Conan Doyle, al lado de la poderosa influencia de Jorge Luis Borges y la tradición de la novela histórica. Los tres elementos cocinados con primor y tratados con inteligencia dan *Il nome de la rosa*.

La complejidad de este juego de intercomunicaciones, préstamos diversos e influencias dificultan, en términos estrictamente literarios, el análisis de las convergencias y de los puntos de divergencia entre las literaturas vecinas. No es fácil precisar los límites, ni separar los hilos que confluyen en el enredo de la madeja, ni verlo claro en la zona que separa los elementos que nombraríamos singulares de aquellos que responden a préstamos tomados de otros.

Por todo ello, creo que un acercamiento como el que nos pide *Foro Hispánico* sólo es posible, por ahora, desde una visión sociológica del hecho cultural y literario. Con el beneficio de que la perspectiva está favorecida, en este caso, por la excepcionalidad del momento histórico en el Estado español de 1975 hasta la actualidad, con la muerte del dictador Franco, la transición hacia un sistema de democracia parlamentaria y una cierta consolidación del invento bautizado como el Estado de las Autonomías.

Asomado a la ventana de esta alternativa histórica, con puntos de referencia quizás más sociológicos que literarios, intentaré sintetizar las particularidades - divergencias, por tanto - de las letras catalanas de los últimos veinte años respecto a las otras literaturas del Estado, sobre todo de la más poderosa en términos cuantitativos que es la castellana. Trataré de hacerlo, además, pasando revista al desarrollo editorial, el cultivo de las literaturas de género, a las traducciones, a la Generación de los '70 y dando un vistazo al lastre de desajustes y las carestías que arrastramos los catalanes por estos mundos de la literatura.

Algunos datos del mundo editorial

Durante el año 1992 se publicaron 5.806[1] libros diferentes en catalán, cifra que supone un incremento del 17% con respecto al año anterior y un crecimiento espectacular visto desde una perspectiva más amplia: 672 libros publicados en el año 1975, 1.496 en 1980, 2.795 en 1985 y 4.327 en 1989. Es decir, la producción de libros en catalán ha crecido más de un 864% desde 1975 hasta 1992.[2] Si estos datos se comparan con la producción española en su conjunto, los 672 libros catalanes de 1975 suponían un 3% de la producción editorial del Estado (que era de 23.527 libros), mientras que, diez años más tarde, los 2.795 libros de 1985 representaban el 8,05% de la producción estatal y en el año 1992, los 5.806 libros representaban el 11,5% de la edición estatal, que fue de 50.644 libros.

Una fría lectura de los datos deja claro que la producción editorial catalana ha crecido espectacularmente en veinte años y, a su vez, ha suscitado un auge de análisis optimistas dado el entusiasmo de los números y la exaltación de los porcentajes. De todos modos son referencias que engañan, en realidad no son tan espectaculares, como da a entender la trampa de las cifras y el panorama, aún siendo positivo, presenta problemas. Por ejemplo, la reducción progresiva de las tiradas editoriales y el desajuste territorial entre los *Països Catalans* (N.T.: los Países Catalanes incluyen: Catalunya, Islas Baleares y Reino de Valencia; y las comarcas sitas en parte o totalmente en territorio francés: Fenolleda, Rosselló, Confrent, Vallespir, Alta Cerdanya, y l'Alguer). Barcelona es la capital editorial del Estado (con el 36,07% de la producción), lo que significa que, para el año 1992, al lado de una buena parte de los 5.806 libros editados en catalán, se publicaron casi cuatro veces más libros en castellano (exactamente 18.872 títulos). Y además de la superioridad del Principado, en relación con Valencia y las Islas Baleares, es preciso subrayar la ausencia de una circulación fluida de libros entre las diferentes áreas de los Països Catalans. En Barcelona puede resultar más difícil encontrar libros de la mallorquina Editorial Moll que la edición original de un libro de actualidad en francés, en inglés o alemán. Estamos pues ante un fallo importante de nuestro sistema de relaciones culturales.

Otro interrogante nace de la producción editorial institucional que debe diferenciarse y separarse de la producción editorial estrictamente competitiva. La Generalitat de Catalunya se convirtió, en 1992, en la primera editorial catalana con 333 títulos (40 libros más que Edicions 62). Este es un dato muy importante porque, a menudo, nos dejamos llevar por la alegría de las cifras sin tener en cuenta que pueden esconder trampas o efectos bumerang que concuerdan más bien poco con la realidad.

Pero a pesar de los interrogantes, está claro que la industria editorial catalana ha protagonizado un magnífico despliegue en los últimos veinte años y se ha mostrado como el sector quizás más competitivo y dinámico de nuestro universo cultural.

Las bases del despliegue editorial

Este auge editorial ha contado con un doble apoyo que lo ha alimentado con eficacia desde 1975: la obligatoriedad de la enseñanza de la lengua y literatura catalanas, y la medida de política cultural aplicada por la Conselleria de Cultura bajo el llamado *suport genèric* (soporte genérico) que consiste en la compra de una determinada cantidad de ejemplares de cada uno de los títulos que se editan en catalán. Precisamente por esta razón y vinculadas a la misma expansión editorial debemos señalar la orientación de tendencias literarias que quizás no se habrían desarrollado sin los elementos mencionados: me refiero a la expansión de las literaturas de género y al esfuerzo que ha multiplicado las traducciones de literatura extranjera al catalán.

La consolidación de las literaturas de género ha sido uno de los hechos que han definido la literatura catalana de los ochenta. No obstante, no se deben olvidar los esfuerzos anteriores de autores como Rafael Tasis y Manuel de Pedrolo, ni marginar la primera etapa de 'La cua de palla' - la colección más representativa de novela negra y policíaca en catalán -, entre 1963 y 1969, ni dejar fuera de juego el precedente de dos éxitos comerciales tan importantes como *De mica en mica s'omple la pica...* (1972), de Jaume Fuster, y *Mecanoscrit del segon origen* (1974), de Manuel de Pedrolo que, con más de un millón de ejemplares, es la obra más vendida de la literatura catalana.

La expansión de la literatura de género se produjo a partir de 1980, cuando el colectivo Ofèlia Dracs apostó en esta dirección publicando una serie de compendios de narraciones que eran, a su vez, repertorios de los diferentes géneros, *Deu pometes té el pomer* (1980) (N.T.: Narraciones eróticas), *Lovecraft, Lovecraft!* (1981) (N.T.: Narraciones fantásticas), *Essa efa* (1985) (N.T.: Narraciones de ciencia ficción), etc. En 1981, se relanzó 'La cua de palla', con traducciones de novela negra americana, y en 1983, 'La cuca al cau' se estrenaba como la primera colección de narrativa erótica. Los años siguientes se encargaron de multiplicar las colecciones específicas, entre las cuales destacan 'La Negra', 'La Piga', 'La Marrana', 'Simenon', 'Pleniluni'; al mismo tiempo y de manera paralela, fue creciendo la nómina de autores dedicados a estos géneros. Por motivos similares se produjo un resurgimiento de la literatura infantil y juvenil. Si veinte años atrás las referencias editoriales para jóvenes se concentraban en un par de escuderías editoriales, hoy la oferta ha crecido hasta tal punto que casi todas las editoriales catalanas han creado sus propias colecciones infantiles y juveniles. En progresión similar se han multiplicado los autores que se dedican a escribir para el público joven.

El alud de esta literatura de género se explica, fundamentalmente, por el beneficio de la enseñanza obligatoria del catalán y de su cultura. Razones escolares y académicas han generado un mercado importante y la necesidad de disponer, con cierta urgencia, de textos ágiles y atractivos para los estudiantes. También deben contarse otros factores, no sé si secundarios, como el retorno de los lectores a una literatura de evasión y a una narrativa de diversión que se corresponde con unos años marcados por una doble crisis, económica y de valores. Esta misma coordenada se puede seguir en otras literaturas con el resurgimiento de las novelas de intriga y ciencia ficción. Ello supone la evidencia de nuevos parámetros estéticos que han dejado de lado el tono transcendente de los año sesenta, los experimentos de postvanguardia de los setenta y se acercan al Umberto Eco de *Il nome de la rosa* cuando afirma: "quería que el lector se divirtiera. Por lo menos, tanto como yo me divertí".

Todavía queda una última coordenada que tiene que ver con las opciones didácticas de la literatura catalana y de nuestros escritores. Ofèlia Dracs apostó por una tradición narrativa popular, el género, para captar nuevos lectores para el catalán con una literatura entretenida y dirigiéndose a un tipo de público poco dado a la lectura. En definitiva se trataba de la misma jugada que había intentado Manuel de Pedrolo, en 1963, con 'La cua de palla'. Ahora, la parte positiva de la estrategia se ha concretado con algunos éxitos editoriales como el primer título de María Jaen (N.T.: novela erótica titulada *Amorrada al Piló* (1986). Barcelona: Editorial Columna) así como las novelas de Jaume Fuster, de Ferran Torrent y de Isabel Clara Simó. Esta estrategia había fracasado treinta años atrás cuando Manuel de Pedrolo inició 'La cua de palla', y salieron colecciones similares como 'Enjolit' - con las novelas de Ian Fleming sobre James Bond - y 'L'Interrogant' donde se editaban traducciones de Agatha Christie. El optimismo editorial generado en aquellos años sesenta no tuvo correspondencia con la realidad del mercado y el mismo Pedrolo reflexionó sobre ello en un conocido artículo aparecido en la revista *Serra d'Or*, 'Que falla, la cua de palla?' (febrero de 1972). La diferencia de alegría editorial con la de los últimos años se puede medir, también, por el retorno de 'La cua de palla', en 1981, y por el hecho de que la literatura de género haya encontrado los caminos de cierta normalización entre los lectores habituales de catalán.

Por parte de los escritores, la aparición de un nuevo público lector, la posibilidad de entrar en el mercado escolar y la realidad de nuevos espacios en la radio y la televisión, han favorecido los intereses de la llamada Generación de los '70 y su reto de profesionalización. Parece que se han establecido algunos fundamentos para conseguir algunos de profesionalización y que un número de escritores catalanes dejen de ser 'escritores de domingo por la tarde'. A pesar de ello, la profesionalización no es tarea fácil y los que la han conseguido es porque han encontrado un equilibrio entre la creación en sentido estricto y una suma de horas de traducción, colaboraciones en la prensa y trabajos de redacción guiones.

La década de las traducciones

El mismo año 1981 que inauguró la expansión de las literaturas de género se puede fijar como el inicio de un nuevo impulso en la dinámica de traducciones al catalán. La fecha se justifica por la confluencia de tres factores: el retorno de 'La cua de palla', el nacimiento de dos colecciones: 'Textes filosòfics' y la MOLU ("Les millors obres de la literatura universal"), y porque 1981, a modo de preludio, fue el año en que se publicó la versión catalana del *Ulises*, de James Joyce, traducida por Joaquim Mallafré. Se retomaba así el hilo de una noble tradición, se abrían nuevos caminos en la vida literaria catalana y se perfilaba el desiderátum de una traducción de calidad. El proceso iniciado se fortaleció rápidamente y no dejó de crecer hasta finales de los años noventa en que comenzó a disminuir. Un repaso a las colecciones más importantes indica que el año 1983 se relanzó la colección 'A tot vent', de la editorial Proa, ahora bajo el manto de Enciclopèdia Catalana; que en 1984 nacía 'Poesia del Segle XX', de Llibres del Mall (que por suerte fue recuperada por Edicions 62 después de la quiebra económica de la primera editorial); que en 1985 salieron las colecciones 'Clàssics Moderns', de Edhasa y 'Venècies', editada en colaboración por Edicions 62 y La Magrana (en la actualidad ambas colecciones han desparecido), y que en el año 1986 Edicions 62 empezó la colección 'MOLU. Segle XX'.

Una breve reflexión sobre la fiebre traductora de los ochenta permite formular un contrapunto de consideraciones positivas y negativas. Las primeras, huelga decirlo, hacen referencia a la dinamización y modernización editorial, sobre todo en la medida que junto a los clásicos y las traducciones de nombres y obras clásicas de otras literaturas, los editores catalanes también se han movido para sacar al mercado los libros de éxito ocasional, los best-sellers coyunturales y los autores que visten los modelos *prêt a porter* en la literatura del mundo. El saldo negativo de este esfuerzo traductor ha surgido de la falta de calidad en el trasvase de muchas traducciones. Ello no significa que no haya versiones correctas, y excelentes, pero también se han publicado muchas chapuzas en forma de traducciones poco fiables. Algunos editores han encontrado argumentos para justificar las felonías de los trujamanes: la rápida multiplicación editorial, la prisa por llegar a ser competitivos, la falta de una sólida infraestructura de traductores, y el poco dinero que se paga por la labor. Durante un tiempo parecía que era un problema de crecimiento, como el adolescente que pasa por el desconcierto del cambio hacia la madurez. Sin duda, pues, uno de los retos de futuro pasa por el retorno a la obra bien hecha, que en el ámbito de las traducciones quiere decir, fundamentalmente, rigor y humildad.

Ahora bien, el esfuerzo de recepción de otras literaturas pide una reciprocidad de justa correspondencia. Cualquier estrategia de puertas abiertas hacia las letras foráneas debe armonizarse con una política de proyección de la propia literatura. Precisamente porque vivimos en un mundo cada día más interrelacionado se hace imprescindible plantearse la competitividad internacional de acuerdo con las posibilidades de que se disponen. Una literatura adquiere prestigio cuando puede presentarse en la correa vehicular de otras lenguas y, por la misma regla de tres, el valor, la gracia y el impulso de las letras catalanas también deben ser medidos por el termómetro de la aceptación internacional y por su capacidad de aflorar en otras lenguas en los escaparates del mundo.

Desde el último tercio del siglo pasado, la literatura catalana ha estado presente en el mundo y son prueba de ello las traducciones de Verdaguer, de Àngel Guimerà, de Narcís Oller o de Víctor Català. Los ejemplos tampoco pueden ser muy numerosos porque la mala suerte histórica en que se ha movido la cultura catalana, sobre todo a partir de 1939, no han favorecido ningún proyecto de prestigio y proyección internacional. Sin embargo, desde finales de los aún setenta hasta el presente se ha insinuado una lenta recuperación, acelerada desde 1988 por el impulso que la Institució de les Lletres Catalanes (ILLC) ha otorgado a este proceso. Lo demuestra la música de las cifras: en los cinco años que van desde 1988 hasta 1992 la ILLC ha prestado ayuda a noventa propuestas de traducción a otras lenguas, sin contar las traducciones al castellano, que representan todavía el grupo más numeroso (123 obras traducidas entre 1988 y 1993). En el *ranking* de los autores mejor situados, hay que hablar del éxito de la obra de Mercè Rodoreda, de la tenaz pervivencia de Ramon Llull y *Tirant lo Blanc*, de la singular narrativa de Joan Perucho y Pere Calders, y entre los más jóvenes, de Carme Riera, de Jesús Moncada, de Quim Monzó, de Isabel Clara Simó, de Maria Mercè Marçal y de las novelas policíacas de Maria Antònia Oliver. También son abundantes las muestras traducidas de la poesía de J.V. Foix, Carles Riba, Espriu y Gimferrer.

El puente de la generación de los setenta

La redacción de este papel coincide con la tendencia del período presente a fijarse en el reciente pasado literario, con un tiempo de nostalgias. Presente en que se ha reflexionado sobre la Generación de los '70, y se la ha analizado con motivo de una efemérides singular, los veinticinco años del libro de Guillem-Jordi Graells y Oriol Pi de Cabanyes, *La generació literària dels 70*[3].

Fue en torno al año 1968 cuando empezó a gestarse, en la literatura catalana, el relevo generacional más importante de los últimos tiempos. A partir de entonces y de manera progresiva fue adquiriendo fuerza la Generación de los '70, término polémico, pero de innegable utilidad en trabajos de síntesis. Se trata de una generación dibujada por el contrapunto entre el grupo de seniors, nacidos durante la primera mitad de los cuarenta: Josep Maria Benet i Jornet, Marta Pessarrodona, Narcís Comadira, Francesc Parcerisas, Antoni Marí, Jaume Fuster y Pere Gimferrer, entre otros; y el de los juniors que son de los últimos años de la década y de los primeros cincuenta: Jaume Cabré, Alex Broch, Josep Piera, Maria Barbal, Jaume Pont, Guillem-Jordi Graells, Oriol Pi de Cabanyes, Xavier Bru de Sala y Maria Mercè Marçal, entre otros. En el ámbito de la poesía se habló, durante los setenta, de diferentes estéticas esquematizadas en una oposición de realistas contra formalistas que con el paso de los años ha acabado diluyéndose. Los seniors se emperifollaban de realistas en el sentido de poesía de la experiencia, mientras los juniors, etiquetados globalmente como formalistas, se encaraban a una auténtica babel de pruebas y tendencias. Como suele pasar, el tiempo ha borrado las etiquetas de conjunto y las ha substituido por poéticas y proyectos de trayectorias personal que han aguantado con más o menos dificultad y decoro el paso de los años.

Esta Generación de los '70 se ha paseado de princip a fin por la cronología establecida en este papel, 1975-1995, y ha pasado desde los inicios, cuando todos daban tumbos en pañales de recién nacido, hasta configurar propuestas ambiciosas y alternativas literarias de cierto peso. Tras una trayectoria colectiva de veinte años, es lícito preguntarse ¿qué ha hecho esta generación? La respuesta es fácil si se separan los aspectos vinculados a la creación de aquellos otros pertenecientes al mundo de la sociología literaria. Empiezo por estos últimos: la Generación de los '70 ha sido la que ha armado de eficacia la infraestructura gremial de la literatura catalana, y en este sentido, la creación de la *Associació d'Escriptors en Llengua Catalana* (AELLC) y el relanzamiento del Centre Català del PEN han sido empresas de defensa y difusión de los autores catalanes y plataformas operativas de representación internacional de las letras catalanas. Ha sido un gremialismo asociativo que ha encarado el reto de la profesionalización ya comentada con la defensa de los derechos de autor, el control de las tiradas y el logro de contratos marco con la industria editorial.

Por lo que se refiere a los aspectos de la creación literaria, de esta generación han salido algunas de las voces de más talento y proyección que ahora transitan la literatura catalana. Entre los entrevistados por el tándem Graells, Pi de Cabanyes hace veinticinco años, hay nombres tan difíciles de discutir como Narcís Comadira, Francesc Parcerisas, Josep Maria Benet i Jornet, Pere Gimferrer o Carme Riera, y a su lado pueden añadirse los que empezaron más tarde, Jesús Moncada, Jaume Cabré, Quim Monzó, Maria Mercè Marçal, Biel Mesquida, Antoni Marí, Maria Barbal y Miquel de Palol.

Finalmente, la oportunidad de un relevo como el de la Generación de los '70 debe valorarse desde la singularidad histórica de la literatura catalana. Es por ello que su circunstancia va más allá, puestos a hacer comparaciones, del impacto estético que supuso el grupo generacional homónimo castellano antologado en *Nueve novísimos* (1970). En la literatura catalana resulta difícil hablar de la generación anterior, la de los cincuenta, a causa de la persecución franquista y la realidad de una cultura obligada a permanecer en la clandestinidad y a manifestarse en la precariedad de la resistencia. Por este motivo, la explosión y la consolidación de los autores de los setenta han tenido el valor añadido de haberse convertido en el proyecto de continuidad más relevante desde la guerra civil hasta la actualidad, para las letras catalanas. Visto en esta perspectiva, su importancia ha crecido a medida que el peaje del tiempo se ha llevado, desde principios de los ochenta, a los auténticos pesos pesados de la literatura catalana de este siglo: Llorenç de Villalonga, Josep Pla, Mercè Rodoreda, Joan Vinyoli, Salvador Espriu, Joan Oliver, J.V. Foix, Marià Manent, Xavier Benguerel, Joan Fuster, Vicent Andrés Estellés, Josep María Llompart y Pere Calders. La lista, aunque incompleta, reúne voces indiscutibles y su pérdida podría haber abocado la literatura catalana a la evidencia del vacío y a una progresiva desertización. La consolidación de la Generación de los '70 ha supuesto, aunque sea sólo teniendo en cuenta esta óptica, la realidad de unos herederos que pueden encarar el futuro inmediato con moderado optimismo.

Problemas y carencias de una literatura en curso

La literatura catalana actual sufre una inflación de premios literarios, un paquete importante de los cuales es de reciente creación. En el período que va de la transición a la democracia, un número considerable de ayuntamientos y entidades administrativas se pusieron de acuerdo para actuar de una manera similar al servicio del país. Parecía que el modo mejor de estimular la creación literaria en catalán era dando premios al por mayor y así se multiplicaron los de poesía, novela, ensayo, los de teatro, las monografías etc. Una inflación que ha conseguido que, en la actualidad, ya se puedan encontrar escritores profesionales de premios literarios y que se haya distinguido también alguna editorial por su especialización en pasar el tamiz y editarlos sin riesgo.

Otro problema nace de la paradoja entre el gran número de revistas literarias que se encuentran diseminadas por toda la geografía catalana (en la exposición "Literatures submergides", celebrada en Barcelona en el año 1991, se presentaron más de cien revistas[4]), y la dificultad de mantener una sola revista de letras de información general y con vocación de hacer acto de presencia en los quioscos y librerías de los Països Catalans. Sería deseable una o dos revistas que se convirtieran en un testimonio vivo del presente de la vida literaria y del tipo que puede encontrarse en todas las literaturas con cierto decoro. Durante un tiempo, *Lletra de canvi* realizó esta función de *magazine* divulgador de la literatura catalana. Últimamente ha renacido con dudosa periodicidad y con números que se acercan al concepto de monografía. Si la literatura catalana quiere ser operativa debería ser capaz de mantener un par de publicaciones como *Lire*, o *El Urogallo*, *Lettres Internationales* o *Quimera*, por poner muestras y ejemplos diferentes. Esta es una de las carencias de la actual cultura literaria, a pesar del refinamiento y calidad de publicaciones com *Els Marges*, *Daina*, *Reduccions*, *Urc*, *Randa*, o *Llengua i Literatura*. Revistas con rasgos exquisitos y graves problemas económicos, que se mantienen por la tenacidad y voluntad de los fundadores y el apoyo de la instituciones públicas. Revistas, no obstante, que sólo se encuentran, excepcionalmente, en algunas librerías y que funcionan de manera exclusiva por subscripción.

Otra carencia, quizás más grave, nace del escaso apoyo logístico al mundo literario prestado por parte de la todopoderosa comunicación audiovisual, sobre todo de la TV. Es una relación escasa, insuficiente y difícil, donde a menudo tiene lugar un intercambio de fuegos cruzados de exigencias y justificaciones por ambas partes. Los técnicos de la comunicación audiovisual defienden que la TV es espectáculo, movimiento y dinamismo; argumentan que los libros pertenecen a otra dimensión y que a la galaxia Gutenberg le faltan los componentes televisivos más esenciales. Por lo contrario, desde el lado del mundo de las letras se alude con frecuencia al éxito de audiencia y a la calidad de los programas televisivos que se han realizado en algunos estados vecinos. Sea como fuere, el divorcio entre la vida literaria y la TV es evidente, y la consecuencia más clara de todo ello es la poca atención que, hasta ahora, las televisiones en catalán han dedicado a la vida literaria.

Continuando con la ristra de problemas, parece que debería mejorarse la red de bibliotecas y poner más énfasis en la profesionalización de los libreros. Respecto al segundo punto, sobre todo, se deberían estudiar medidas para conseguir que los libros no pasen por las mesas de novedades de las librerías a la velocidad con la que ahora lo hacen. Y un último apunte: han crecido los espacios que la prensa dedica a la información libresca y a la crítica literaria. Quizás no son suficientes todavía, pero éste es uno de los aspectos en los que resulta más fácil darse cuenta del avance real en los últimos quince años. De todos modos, puede ser de interés detenerse en la realidad de estos espacios de información literaria para averiguar las diferencias de tono, espacio y tratamiento entre los diferentes periódicos.

En el año 1991, la *Institució de les Lletres Catalanes* encargó a un equipo de profesores de periodismo de la *Universitat Autònoma de Barcelona* un estudio sobre la presencia de la literatura catalana en la prensa diaria. Durante unos meses, se hizo un seguimiento exhaustivo de los catorce diarios que por aquel entonces se editaban en Catalunya y el resultado no sorprendió a nadie porque el estudio no hacía otra cosa que demostrar aquello que los adictos sabían por el olfato y por el reloj interno de la intuición. *Regió 7* y *El Punt* eran los diarios que dedicaban más atención a la literatura catalana, seguían después el *Avui* y el *Diari de Barcelona*. Por la banda baja, *El Periódico*, *La Vanguardia* y *El País* (en su edición de Barcelona) eran los que dedicaban menos espacio y atención a la literatura catalana.[5]

Quizás porque peco de optimista, creo que el panorama es bueno, y ello me permite cerrar esta visión de síntesis con la puerta abierta a la esperanza. Han pasado dos décadas que deben ser consideradas como muy positivas a pesar de los interrogantes que todavía quedan por resolver. Del futuro cabe esperar que se mantenga la calidad de los referentes más ilustres, que se confirmen la proyección externa y la dinámica de pedagogía interior, que los herederos sean dignos de los maestros y que la *Institució de les Lletres Catalanes* sea una herramienta competente, ágil, dinámica, porque es así como la necesitamos y esperamos.

NOTAS

1. Tomo el dato del estudio *El sector editorial a Espanya* (junio 1993), Departament d'Estudis/Departament de Premsa i Publicacions/Fira de Barcelona. El recuento que da la cifra de 5.806 libros se corresponde al número de ISBN concedidos para la edición en catalán durante el año 1992. Estos datos, sin embargo, no coinciden con los del estudio *Anàlisi estadística de l'edició en català de 1992 i comparació amb la del any 1990*, encargado por la Asociación de Editores en Lengua Catalana y hecho público en el mes de mayo de 1994. Según este estudio la cantidad de títulos publicados en catalán durante 1992 fue de 5.128.
2. Los datos que manejo, además de las fuentes que menciono en la nota anterior, pertenecen a los estudios encargados por la Asociación de Editores en Lengua Catalana, dirigidos, desde la ESADE (Escuela Superior de Administración de Empresas), por Antoni Maria Güell i Fortuny: *Llibres en català existents al mercat durante el període 1975-1984* (marzo de 1987) y *Llibres en català existents al mercat durante el període 1985-1986* (noviembre de 1988).
3. El mes de enero de 1996, la AELLC (Associació d'Escriptors en Llengua Catalana), organizó un coloquio sobre la generación y en abril la experiencia se repitió en la Universitat Rovira i Virgili de Tarragona.

4. De esta exposición se editó el catálogo titulado *Literatures submergides*, Barcelona: Generalitat de Catalunya. Departament de Cultura, 1991.
5. Los datos proceden del artículo 'Literatura catalana en la premsa diària', aparecido en la revista *Cultura*, núm. 24, cuarta época, junio de 1991.

Traducido del catalán por Andreu van Hooft Comajuncosas

Luciano Rodríguez
Universidade da Coruña

POESÍA Y NARRATIVA GALLEGAS, PROCESO DE DIÁLOGO

> Para Susan Byrne, Sara Villa, Victoria
> Fernández Cuesta, Mónica Schinaider
> y Jeffrey Ruth, alumnos meus no Graduate
> School and University Center,
> The City University of New York.

1

Se nos pide que hagamos una aproximación a la literatura gallega - narrativa y poesía - para tratar de establecer puntos de convergencia(s) y divergencia(s) con las otras literaturas peninsulares. Esto supone que nosotros deberíamos escribir un artículo de literatura comparada, pero nada más lejos de nuestra intención y, por supuesto, de nuestro proceder. ¿Consideramos, pues, el enfoque erróneo? En absoluto. Lo que ocurre es que pensamos que éste es un trabajo más productivo si lo realiza cada lector después de haber leído con detalle las propuestas que mis colegas Jon Kortazar, Isidor Cònsul, Antonio Jiménez-Millán hacen, respectivamente, de la literatura vasca, catalana y castellana. Entiendo que debe ser el lector el que, desde su propia experiencia del fenómeno literario, establezca puentes o cree islas. Partiendo, pues, de este principio me dispongo a proporcionar algunos elementos que nos sirvan de referencia para el cometido que les propongo.

2

Para la literatura gallega este último cuarto del siglo XX podemos decir, sin miedo a equivocarnos, que representa un nuevo período de su historia. Trataremos de dar algunas razones que nos llevan a hacer esta valoración tan abiertamente afirmativa y comprometedora.

La autonomía política que se instaura muy a comienzos de la década de los ochenta - aunque hay ya síntomas de cambio en los años anteriores, a partir de la muerte de General Franco - va a suponer un replanteamiento de la concepción social, política y cultural. Las consecuencias institucionales y sociales modifican sustancialmente los vectores culturales de Galicia, haciendo que la literatura gallega salga de los reducidos círculos en los que estaba confinada en buena medida desde la restauración cultural de postguerra, es decir, desde comienzos de la década de los cincuenta.

Este período fecundo de la historia cultural gallega, que coincide con los últimos años de vida de los viejos maestros nacidos en la primera década del siglo XX - Eduardo Blanco-Amor, Rafael Dieste, Álvaro Cunqueiro - y con la obra de madurez de los escritores jóvenes que habían participado en la recuperación cultural de los años cincuenta y sesenta - Bernardino Graña, X.L. Méndez Ferrán, María Xosé Queizán, Camilo Suárez Llanos, Manuel María, Antón Avilés de Taramancos, X.L. Franco Grande, Xohana Torres - va a coincidir también con la incorporación de una serie de autores en la década de los ochenta y noventa que contribuyen a dibujar un mapa literario múltiple, vigoroso y abigarrado, que conectan con las grandes tendencias literarias del momento y que se manifiestan abiertamente a favor del diálogo y los contactos culturales, sean éstos con las literaturas más próximas - portuguesa, castellana, catalana, vasca - o de otros ámbitos, con preferencia bastante acusada hacia las literaturas de expresión inglesa.

Entre los autores jóvenes, los de mayor edad - Alfredo Conde, Lois Diéguez, Darío Xohán Cabana, Xesús Rábade Paredes, etc. -, formados en ambientes culturales fuertemente ideologizados de los últimos años del franquismo, empezaron a publicar muy a finales de la década de los sesenta y en los primeros años de los setenta predominantemente poesía, una poesía muy reivindicativa, social, en la línea de los maestros gallegos (Celso Emilio Ferreiro o Luis Seoane), castellanos (Blas de Otero o Gabriel Celaya), vascos (Gabriel Aresti: *Harri eta Herri*) o catalanes (el Salvador Espriu de *La pell de brau* o el Pere Quart de *Vacances pagades*), para pasar, mediados los años setenta o ya en los ochenta, al cultivo de la narrativa, que registra con ellos, y con nuevos autores que se incorporan, un nuevo impulso. Si a esto sumamos que aproximadamente en la segunda mitad de la década de los setenta también se da una profunda y esperanzadora renovación en la poesía gallega, habremos trazado el marco en el que vamos a desarrollar la reflexión de diálogo convergente y/o divergente con las otras literaturas peninsulares.

Así, pues, en la exposición que seguidamente haremos de la situación de la narrativa y poesía gallega de los últimos años vamos a referirnos en primer lugar a los autores que hoy rondan los sesenta años, y que son muy específicamente los primeros renovadores de la literatura gallega de postguerra, para después hacer una serie de calas en las décadas siguientes, mirando tanto la narrativa como la poesía en su proceso de diálogo e integración en la modernidad literaria.

3

Muy a final de los cincuenta y en los primeros años sesenta hace su aparición en la literatura gallega un grupo de escritores que, bajo el nombre de *Nova Narrativa Galega*, desenvuelve una actividad literaria sumamente productiva y renovadora. Se trata de jóvenes de formación universitaria que incorporan a las letras gallegas nuevos modelos culturales y nuevos procedimientos técnicos, en los que se puede detectar la presencia - lectura y asimilación - de maestros de la narrativa del siglo XX como Joyce, Kafka, Faulkner, Proust, Hemingway, Pavese, Dos Passos, Camus, Beckett o la nueva tendencia narrativa francesa del *nouveau roman*, a través de nombres como Alain Robbe-Grillet, Nathalie Sarraute, Claude Simon, Marguerite Duras.

Como había ocurrido con los escritores del grupo *Nós* (Vicente Risco, Castelao, Otero Pedrayo) que incorporaron las nuevas tendencias culturales europeas a la narrativa de los años veinte, así también los autores de la *Nova Narrativa Galega* intentaron una puesta al día de las técnicas narrativas, de las formas del relato y modos de novelar. El mundo del inconsciente, la transformación de lo real, la conflictividad existencial, lo absurdo de la vida, la represión y violencia, etc., aparecen una y otra vez en sus obras.

Por lo que respecta al enfoque, utilizan la perspectiva objetiva, de manera que el narrador no registra más que los hechos que percibiría una cámara; el monólogo interior, que busca la plasmación espontánea de la corriente de pensamiento; o la presencia de varios narradores en un mismo relato, en un intento de abarcar la percepción de la realidad desde una perspectiva múltiple y diversa. Los escenarios narrativos adquieren una función simbólica, teniendo siempre una localización vaga e imprecisa, tendente a crear marcos míticos, como cierta narrativa de William Faulkner. En cuanto al tratamiento del tiempo narrativo, rompen la linealidad del relato, valiéndose de la ruptura de la secuencia temporal con retrospecciones o anticipaciones; emplean la técnica de montaje de distintos planos con independencia de la linealidad de los sucesos narrados; ralentizan o aceleran la acción como si de una cámara cinematográfica se tratara, teniendo en cuenta siempre los intereses del discurso que desean resaltar.

Si exceptuamos la obra de Xosé Neira Vilas (1928), que se mueve dentro de una propuesta de narrativa realista y más tradicional desde su libro *Memorias dun neno labrego* (1961), pasando por *Cartas a Lelo* (1971) o *Aqueles anos do Moncho* (1977), toda la obra de los nuevos narradores participa, en mayor o menor medida, de los principios renovadores que se apuntaron. Así la obra de Gonzalo R. Mourullo - *Nasce un arbre* (1954) y *Memorias de Tains* (1956) -, Camilo Gonsar - *Lonxe de nós e dentro* (1961), *Como calquer outro día* (1962) o *Cara a Times Square*

(1980) -, Xohán Casal - *O camiño de abaixo* (1970) -, María Xosé Queizán - *A orella no buraco* (1965) -, Vicente Vázquez Diéguez - *As ponlas baixas* (1968), X.L. Méndez Ferrín - *Percival e outras historias* (1958), *O crepúsculo e as formigas* (1961), *Arrabaldo do Norte* (1964) - o Carlos Casares con *Vento ferido* (1967) y *Cambio en tres* (1969).

Luego estos narradores desenvolverán su discurso particular y algunos de ellos podemos decir que han hecho posteriormente una aportación de primerísima importancia a la narrativa gallega actual como son los casos de X.L. Méndez Ferrín o Carlos Casares que en estos años publicaron obras tan importantes como *Retorno a Tagen Ata* (1971), *Elipsis e outras sombras* (1974), *Antón e os inocentes* (1976), *Crónica de nós* (1980), *Amor de Artur* (1982), *Arnoia, Arnoia* (1985), *Bretaña, Esmeraldina* (1987) o *Arraianos* (1991), el primero; o *Xoguetes para un tempo prohibido* (1975), *Os escuros soños de Clío* (1979), *Ilustrísima* (1980), *Os mortos daquel verán* (1987) o *Deus sentado nun sillón azul* (1996), el segundo.

La narrativa de X.L. Méndez Ferrín explora el misterio y la violencia individual o institucional - la opresión política que padece Tagen Ata -; juega con elementos simbólicos y a veces ambiguos, con la fantasía, con el absurdo y la angustia de la existencia humana; combina lirismo y nostalgia con un fuerte tono épico y reivindicativo de una realidad más justa y libre; ambienta sus narraciones en espacios exóticos, reutiliza la materia de Bretaña. Toda su escritura - y esto también es extensible a su obra poética - está al servicio de una causa justa y noble: la libertad e independencia de ese pequeño país que llama(mos) Galicia. El vigor y la potencia épico-lírica hacen de su prosa una de las más expresivas y contundentes de la literatura gallega del siglo XX.

Sin los alardes imaginarios de la narrativa de Méndez Ferrín, la de Carlos Casares indaga en los escenarios reales - pequeñas ciudades y pueblos gallegos -. La denuncia de la represión y violencia, la defensa de la tolerancia y la constante búsqueda del diálogo son recurrencias temáticas en la obra de este escritor orensano de quien la crítica resalta una y otra vez el don de la narración y la capacidad fabuladora y comunicativa.

De los poetas jóvenes que empiezan a publicar por estas fechas - década de los cincuenta - podemos establecer dos grupos:

1. El que forman los nacidos en los años veinte y que actúan de enlace con los más jóvenes, a los que nos referiremos inmediatamente, y la generación de 1936 (Aquilino Iglesia Alvariño, Álvaro Cunqueiro, Celso Emilio Ferreiro, Xosé María Díaz Castro, Miguel González Garcés, María Mariño, Pura Vázquez). Son poetas muy marcados por la situación histórica, social y política del momento, autores que empiezan su producción en castellano para, de inmediato, continuar en gallego. De entre ellos cabe referirse a Manuel Cuña Novás, Antón Tovar Bobillo y Luz Pozo Garza. En su obra predomina la temática existencial - angustia

y desazón -, si bien en el caso de Luz Pozo Garza hay un profundo cambio hacia una temática más positiva, lumínica, de corte elegíaco tal como se puede apreciar en sus tres últimos títulos publicados: *Códice Calixtino* (1986), *Prometo a flor de loto* (1992) y *Vida secreta de Rosalía* (1996).

2. El segundo grupo está formado por autores que nacen con la década de los treinta como Manuel María (1930), o muy a comienzos de la siguiente como Arcadio López Casanova (1942). Son poetas de marcada personalidad y con una obra amplia y perfectamente bien definida, abierta y en activo, ya que casi todos ellos siguen publicando. Así tenemos la muy amplia y no siempre regular obra de Manuel María, que toca distintas cuerdas, desde la existencial de *Muiñeiro de brétemas* (1950), *Morrendo a cada intre* (1952) y *Advento* (1954), pasando por la paisajística de *Terra Cha* (1954) y la poesía social de *Documentos persoais* (1958), hasta una línea poética más intimista y de tonalidad elegíaca, la de sus últimos poemarios, marcada por el paso del tiempo.

Mucho menos extensa que la de Manuel María es la obra de Uxío Novoneyra. Poesía telúrica, arraigada en las esencias de la tierra, descarnada y honda, íntima, solidaria y profundamente comprometida, como se puede observar en estos versos de su segundo poemario *Elexías do Caurel e outros poemas* (1966), todo un manifiesto social y político:

> O que así nos tein
> só tein noso os nosos nomes no censo,
> que hasta o noso sudor sin alento se perde na terra.
>
> Galicia, será a miña xeneración quen te salve?
> Irei un día do Caurel a Compostela por terras libradas?
> Non, a forza do noso amor non pode ser inutle!
>
> [Los que así nos tienen
> sólo tienen nuestro nuestros nombres en el censo,
> que hasta nuestro sudor sin aliento se pierde en la tierra.
>
> Galicia, ¿será mi generación quien te salve?
> ¿Iré algún día del Caurel a Compostela por tierras liberadas?
> No, ¡la fuerza de nuestro amor no puede ser inútil!]

Una de las figuras centrales de esta generación es Xohana Torres. Su poesía, de gran rigor formal y potente carga simbólica, refleja la soledad y la angustia, el paso del tiempo, la preocupación por Galicia, la fugacidad de la vida, la condición de la mujer y la (re)utilización de los mitos clásicos (Ulises, Penélope), como podemos comprobar en *Do sulco* (1959), *Estacións ao mar* (1980) y *Tiempo de ría* (1992).

Por lo que respecta a Bernardino Graña - si exceptuamos su primer poemario *Poema do home que quixo vivir* (1958), libro angustiado y existencial, temática común a todos los primeros poemarios de sus compañeros de generación, toda la obra de Bernardino Graña - *Profecía do mar* (1966) - la casi totalidad de su obra - *Non vexo Vigo nin Cangas* (1975), *Se o noso amor e os peixes Sar arriba andasen* (1980), *Sima-Cima do voar do tolo* (1984) o *Himno verde* (1992) - está marcada temáticamente por la presencia del mar y la visión de sus gentes, unidas a la reflexión íntima que le provoca la conciencia de finitud y la destrucción del medio físico. Su último libro, *Luz de novembro* (1997), es un libro de homenajes a poetas amigos desaparecidos o de solidaridad y agradecimiento a sus compañeros de generación.

Tenemos que incluir también en esta generación, por criterios cronológicos, a Manuel Álvarez Torneiro, aunque su obra poética se publica en época reciente - el primer libro *Memoria dun silencio* es de 1982. En los últimos años Álvarez Torneiro ha publicado seis títulos en gallego que lo sitúan en lugar destacado: *Fértil corpo de soño* (1986), *Restauración dos días* (1986), *As voces consagradas* (1992), *As doazóns do incendio* (1993), *Rigurosamente humano* (1994) y *Habitante único* (1997). Hay en su obra un dominio exquisito de la forma, rigor arquitectónico y un fuerte culturalismo que adornan un verso de hondas palpitaciones que interrogan el sentido del ser.

Ao pé de cada hora (1967), *Tempo de Compostela* (1979), ahora incluidos en su *Obra poética* (1993), junto con los inéditos *As palabras e os días* y *Poemas de amor a Xulia* configuran la obra tremendamente unitaria de Salvador García-Bodaño, marcada, como creemos que se puede percibir muy bien por los títulos, por la temporalidad, el recurso a la memoria, el amor y la defensa de las palabras de la tribu. Poesía concentrada, elaborada y de gran riqueza rítmica.

Antón Avilés de Taramancos (1935-1992) publica en la década de los cincuenta dos libros: *As moradías do vento* (1955) y *A frauta e o garamelo* (1959); en 1960 emigra a Colombia y a su regreso, en 1980, reúne los libros ya publicados y la obra inédita - *Poemas a Fina Barrios*, *Poemas soltos a Maricarme Pereira* y *Os poemas da ausencia (1961-1981)* - en el libro *O tempo canta no espello* (1982). Instalado ya en Galicia da a la imprenta *Cantos caucanos* (1985), *As torres no ar* (1989) y *Última fuxida a Harar* (1992). Imágenes profundas y vigorosas, plenas de vitalismo, sensualidad, comunión con la tierra y resonancias épicas, le sirven para crear uno de los discursos poéticos más potentes de la poesía gallega última.

Entre o si e o non (1967) de Xosé Luís Franco Grande, luego recogido en *Herdo de memoria e tempo* (1987) con toda su obra inédita, constituye la aportación poética de este autor, que viene marcada por la filosofía existencial y por el sentimiento de la *saudade*. Responde básicamente a una poesía introspectiva, entendida como medio de conocimiento.

Central en la poesía de estos años, al igual que en la narrativa, es la obra de Xosé Luís Méndez Ferrín. Méndez Ferrín inicia su producción con un libro de corte existencial, pero en el que ya se manifiesta la presencia de lo mítico y una visión desolada de Galicia, características que desenvolverá ampliamente en los libros posteriores. Toda su obra poética (y quizás tambien la narrativa) nace de esta visión que nos da en su poema 'Galicia', incluido en *Voce na néboa* (1957):

> Galicia, longa praia, estesa e negra,
> soia i esquiva, con pesados corvos,
> senlleiras píllaras, vento coriscante
> e a morte e o valeiro en todo o longo.

> [Galicia, larga playa, tendida y negra,
> sola y esquiva, con pesados cuervos,
> solitarios chorlitos, viento cortante
> y vacío y muerte en toda su extensión.]

Antoloxía popular de Heriberto Bens (1972), *Con pólvora e magnolias* (1976), *Poesía enteira de Heriberto Bens* (1980), *O fin dun canto* (1982), *Erótika* (1991) y *Estirpe* (1994) conforman la obra de la figura central de la literatura gallega del último cuarto del siglo XX. Poesía íntima y comprometida, cultural y política, épica e histórica, en constante diálogo con otras tradiciones, que contribuye de forma decisiva a la renovación poética que se produjo en la poesía gallega mediada la década de los setenta, y de la que hablaremos más adelante.

Con seis libros publicados en gallego - *Sonetos da espranza presentida* (1965), *Palabra de honor* (1967), *Memoria dunha edá* (1976), *Mesteres* (1976), *Liturxia do corpo* (1983) y *Noite do degaro* (1994) -, Arcadio López Casanova es otro de los poetas que contribuyen de forma decisiva a agrandar el discurso poético gallego. Dueño absoluto de los recursos poéticos, es la suya una poesía de grandes alardes formales y estilísticos. Temáticamente predomina en su obra una adusta y desengañada visión del ser humano, siempre de paso, desvalido, que camina inexorable hacia la muerte.

4

A finales de la década de los setenta y principios de los ochenta, decíamos, se produce un cambio de rumbo y un conjunto de actitudes que propician la entrada en escena de nuevos autores. Se trata de escritores nacidos en la década de los cuarenta y cincuenta, promesas en aquellos momentos y hoy escritores totalmente consagrados.

En el ámbito de la narrativa la creación de premios literarios para novela - en concreto el Premio Eduardo Blanco-Amor (1981) y el Premio Xerais (1984), instituido por la editorial más activa y dinámica de este período, Edicións Xerais de Galicia - fue un factor determinante en la marcha y dinamización del género, por el reconocimiento social y el incentivo moral y crematástico que suponen.

A nuestro juicio los autores que representan las líneas dominantes y las tendencias que vertebran la narrativa gallega de los últimos años son:

Paco Martín, que se da a conocer con un libro de relatos, *Muxicas nos espello* (1971), por medio del que nos descubre su mundo personal, en el que realidad y ficción juegan y se entrecruzan constantemente. Esto mismo va a ser explotado en sus libros posteriores, las novelas *No cadeixo* (1976), *E agora cun ceo de lama* (1981) e *Das cousas de Ramón Lamote* (1986; Premio Nacional de Literatura Infantil y Juvenil), o en los libros de relatos *Dende a muralla* (1990) e *Historias para ler á noite* (1992).

Alfredo Conde, autor de una serie de libros que lo han catapultado a la fama, especialmente *Xa vai o grifón no vento* (1984), novela por la que recibió el Premio Nacional de Literatura en 1985. Entre sus restantes obras debemos reseñar: *Contubernio catro de Tomés* (1978), *Come e bebe que o barco é do amo* (1978), *Breixo* (1981), *Memoria de Noa* (1982), los libros de relatos *Música sacra* (1990) y *A Casa de Adara* (1996) y la novela *Sempre me matan* (1995). Alfredo Conde es un autor muy mimado por la crítica, sin embargo el lector se ha vuelto reticente con su obra al percibir en ella la aplicación de un modelo inalterado: el mismo esquema estructural, el mismo doble plano alternante realidad-ficción, etc.

La obra narrativa de Xosé Manuel Martínez Oca desenvuelve los temas del individuo que vuelve a los escenarios de la memoria para encontrarse con un pasado que ya no existe, espoleado por la realidad presente que ahoga los escenarios de la vivencia pasada. Así lo podemos ver en sus tres primeras novelas: *Un ano e un día* (1980), *A fuxida* (1980) y *A chamada escura dos cavorcos* (1981). En *Beiramar* (1983), ganadora del Premio Blanco-Amor, desenvuelve una panorámica de la vida de una villa gallega. Posteriormente ha publicado *As florestas de Mañuema* (1988), novela de aventuras y un libro de relatos, *Náufragos en terra* (1994).

Xavier Alcalá es uno de los autores más prolíficos de estos años. De entre sus muchos libros creo que es de justicia destacar algunos de los títulos que marcan una actitud y una época: *A nosa cinza* (1980), novela de formación, crónica de una generación, uno de los libros más vendidos de estos últimos años, *Fábula* (1980), crónica de la Galicia de posguerra, *Nos pagos de Huinca Loo* (1982), novela ambientada en Sudamérica, *Tertulia* (1985), que combina la sátira literaria y la novela de aventuras, o *Código morse* (1996), novela en donde recrea el mundo de los pazos, la desaparición de una forma de vida y retrata una sociedad en crisis. Con una ambientación muy plural, la narrativa de Xavier Alcalá se abre a espacios que van desde Galicia - Ferrol, A Coruña - a lugares de Latinoamérica; pero en el fondo, lo que hay en todo su mundo literario es un reflexión sobre el país (o *impaís*, como él lo denomina), Galicia.

Carlos G. Reigosa publica en 1982 *Homes de tras da Corda*, relatos ambientados en el mundo rural y en 1986 *As pucharcas da lembranza*. Pero serán sus dos novelas de género negro, *Crime en Compostela* (1984), y *O misterio do barco perdido* (1988), las que abran una nueva puerta para la narrativa gallega, incorporando un subgénero literario que a partir de sus libros va a tener más cultivadores. (*As regras do xogo* (1990), del poeta Ramiro Fonte, *O crime da rúa da Moeda Vella* (1990) de Román Raña Lama o *Barato, barato* (1991) de Manuel Forcadela).

Con tres novelas publicadas, Víctor F. Freixanes es otro de los narradores de los '80 que se ha hecho con un lugar destacado en los escenarios literarios. *O triángulo inscrito na circunferencia* (1982), novela extensa, de densa textualidad, constituye una lectura mítico-simbólica y alucinada de la historia de Galicia. Con su siguiente entrega, *O enxoval da noiva* (1988), nos traslada a un escenario bien distinto, la Italia de los Borgia, y, por último, en *A Cidade dos Césares* (1993) viajamos a otros ámbitos. Según palabras de la profesora de la Universidade de Santiago de Compostela Dolores Vilavedra (1996: 233), Freixanes "utiliza el espacio geográfico, histórico y cultural de Sudamérica como estrategia de reconstrucción de la alienada memoria histórica de Galicia, objetivo que también había inspirado *O triángulo*."

Entre los nuevos narradores que ocupan un lugar preponderante en los últimos años ochenta y fundamentalmente en los noventa hay que resaltar tres nombres: Darío Xohán Cabana, Manuel Rivas y Suso de Toro; siendo estos dos últimos, escritores de una gran proyección al ser traducidos sus libros a otros idiomas, hecho relativamente insólito en la narrativa gallega.

La obra del lucense Darío Xohán Cabana se mueve en temáticas y mundos muy diversos, desde el juego intertextual y desmitificador del mundo artúrico de *Galván en Saor* (1989), Premio Xerais, pasando por el cunqueiriano y deudor de la materia de Bretaña de *Fortunato de Trasmundi* (1990), *O libro dos moradores* (1990) o *Vidas senlleiras* (1992), o los textos de intencionalidad política más clara como *Cándido Branco e o Cabaleiro negro* (1992), *O cervo na torre* (1994) o *Morte de Rei* (1995), en los que recrea, reivindica y denuncia la situación injusta que ha hecho posible el presente de dependencia en el que vive Galicia y sus gentes.

Con títulos como *Caixón desastre* (1983), *Polaroid* (1986), *Land Rover* (1988), *Ambulancia* (1990), *Tic-Tac* (1993), *A sombra cazadora* (1994) o *Calzados Lola* (1997), Suso de Toro representa la línea más rupturista y crítica de la narrativa gallega última. Con un lenguaje desmitificador e irónico, el autor somete a crítica la situación social y política de una

Galicia por la que siente un profundo amor odioso. Corrosivo y lúcido, crítico y beligerante, su escritura supone el intento más cabal de acercarnos a la realidad social, cultural y política con una mirada que nos permita seguir pensando en el futuro, sin olvidar los posos amargos de una historia que se nos muestra debajo de cada piedra.

Poeta, periodista y narrador, Manuel Rivas es, hoy por hoy, el escritor gallego con más proyección fuera de nuestras fronteras. Premio Nacional de Narrativa por su libro ¿*Que me queres, amor?* (1995). *Todo ben* (1986), libro en donde retrata el mundo del fútbol, con humor, ironía y mucha ternura, características de todo su mundo narrativo, *Un millón de vacas* (1990), *Os comedores de patacas* (1991), *En selvaxe compaña* (1994), novela en la que rescata la figura del rey gallego Don García. La narrativa de Manuel Rivas refleja el desarraigo, los conflictos entre el mundo rural y el urbano, la conflictividad de una sociedad híbrida que se mueve entre formas de vida modernas no totalmente asimiladas y el odio por las formas más ancestrales, lo que da lugar a un profundo enfrentamiento y tensión que el autor dulcifica a través de las notas de humor, ironía, lirismo y ternura que tanto caracterizan su escritura.

5

La poesía gallega de estos últimos años tuvo como centro de referencia a la generación de los ochenta, es decir, a autores que se dan a conocer a lo largo de esta década; no obstante, en la actualidad comienzan a compartir protagonismo con otros escritores más jóvenes. Es evidente que desde principios de los años '90 hay un florecer más que notable de poetas que vienen pidiendo paso, como se quiere demostrar en una antología de reciente publicación, titulada *Para saír do século. Nova proposta poética* (1997) y en la que además se trata de configurar, con la dificultad que la falta de perspectiva temporal supone, algunas de las claves que definen los nuevos rumbos de la poesía gallega.

Pero volvamos atrás y adentrémonos en los escenarios de la poesía. Durante la década de los sesenta y hasta mediados de los setenta la escena poética gallega estuvo dominada por la poesía social, comprometida o crítica y de denuncia, arrinconando a otras voces que en aquel momento no contaban en el concierto del coro de la poesía. Cuando llega el momento del cambio político, otros caminos serán los que se procuren; a esto van a contribuir de forma muy decidida los, por aquel entonces, poetas jóvenes. La situación se puede resumir en un cambio de percepción y un preocupante emprobecimiento - alarmante formalización temática - al que había llegado la poesía social.

Los poetas de los ochenta toman conciencia de la situación y comienzan su estrategia que se traduce en proclamas y manifiestos como el de *Rompente* en 1976 o el de *Cravo fondo* en 1977. Cuentan para ello con un ambiente propicio, el apoyo que reciben de revistas como *Grial, Nordés, Coordenadas, Dorna* y la creación de los premios literarios Premio Esquío, Premio Cidade de Santiago, Premio Cidade de Ourense, Premio Celso Emilio Ferreiro de Vigo que dan vida y activan la creación poética. Además hay que añadir a estos premios, bien dotados económicamente, los Premios de Crítica-Galicia y Los Premios de La Asociación Española de Críticos Literarios, sin dotación económica, pero que suponen un reconocimiento social más que notable.

Así es como, entrando en la década de los ochenta, la vitalidad de la poesía gallega se recupera. Relacionados con alguno de estos premios están la mayoría de los poetas de los ochenta: Manuel Rivas, Vítor Vaqueiro, Pilar Pallarés o Miguel Anxo Fernán-Vello; Lois Pereiro, Eusebio Lorenzo Baleirón, Román Raña o Paulino Vázquez; Cesáreo Sánchez Iglesias, Xulio L. Valcárcel, Ana Romaní, Chus Pato, Darío Xohán Cabana, Xesús Rábade Paredes o Xavier R. Barrios, Xavier R. Baixeras, X.M. Álvarez Cáccamo, Luís González Tosar, Alfonso Pexegueiro, Anxo Quintela o Xosé Manuel Valcárcel; Manuel Forcadela, Millán Picouto, Vicente Araguas, Manuel Vilanova, Ramiro Fonte, Claudio Rodríguez Fer, Xoán Manuel Casado, Antón Reixa, Xavier Seoane o Gonzalo Navaza.

Dentro de la enorme pluralidad de poéticas y registros que aparecen en la poesía de los ochenta, trataré de establecer algunos rasgos, procedimientos comunes y propuestas temáticas que los caracterizan y que nos hablan de un diálogo con propuestas que podemos percibir en poetas castellanos, vascos o catalanes.

De entre los rasgos comunes que caracterizan a los poetas de los ochenta podemos destacar: *culturalismo, preocupación por los aspectos formales, la preocupación por el idioma* y la *conjunción entre tradición y modernidad*.

Culturalismo. La amplia formación y conocimiento de otras poéticas por parte de los poetas de los ochenta trajo un aire fresco a la poesía gallega y supuso un paso muy importante ya que creemos que por primera vez nuestra poética logra estar, de forma global, a la altura de otras expresiones poéticas escritas en otras lenguas, con las que dialoga de igual a igual. No se mira únicamente lo que ocurre en la poesía escrita en castellano, sino que sus preferencias se dirigen hacia escritores clásicos y modernos de otras literaturas: portugueses - ignorados u olvidados durante tanto tiempo - como Fernando Pessoa, Eugenio de Andrade, António Ramos Rosa, Herberto Helder, Nuno Júdice, Ruy Belo, António Osorio -, italianos, ingleses, franceses, alemanes...

Con frecuencia encontramos referencias musicales, pictóricas, de pensamiento, pero que en ningún momento restan autenticidad - verosimilitud - al poema; no se trata de un culturalismo frío y distante, sino de una forma plural de ver las artes, diferenciadas en cuanto a su expresión, pero tremendamente intertextualizadas; esto es, hay un mismo pensamiento que se formaliza en distintos discursos: poético, pictórico, escultórico, cinematográfico. De ahí esa necesidad de recurrencia múltiple a otras manifestaciones artísticas.

Preocupación por los aspectos formales. No sólo existe preocupación por la métrica - verso noble: endecasílabo, alejandrino -, y por la estrofa, especialmente significativa en algunos poetas como Xavier R. Baixeras, Román Raña Lama, Millán Picouto o la soberbia construcción palindrómica de *A torre da dérrota* (1992) de Gonzalo Navaza -, sino también por la composición del poema, disposición de la palabra, estructura rítmica y artificios retóricos, elementos todos ellos que denotan formación, oficio, elaboración y sabiduría poética, pero sin caer en un formalismo frío y distante. El texto conserva todo su calor humano.

Preocupación por el idioma. En el tímido proceso de normalización lingüística que inició Galicia, ellos están contribuyendo, por una parte, con la práctica monolingüe y, por otra parte, quizás la más importante, porque están creando - fijando - una lengua literaria - poética - con características propias, lo que lleva consigo una investigación idiomática, fenómeno al que no son ajenas otras parcelas de la creación literaria, de la investigación lingüística y del pensamiento.

Tradición y modernidad. Quizás ésta sea una de las características más acusadas. Lejos estamos de los pronunciamientos rupturistas de otros momentos; ser modernos (y ellos apuestan abiertamente por la modernidad, modernización) supone saber aprovechar - aprehender - las enseñanzas de la tradición. Saben, como nos recordaba Ezra Pound, que "tradición no significa ataduras que nos liguen al pasado: es algo bello que nosotros conservamos." (1989: 19) De ahí que busquen y se formen en los grandes maestros gallegos y foráneos de todos los tiempos: clásicos antiguos y modernos, medievales y barrocos, románticos y simbolistas, tradicionales y vanguardista. Nos encontramos delante de unos poetas de profundas, selectas y amplias lecturas.

Propuestas temáticas. Cuando nos acercamos a la obra de los poetas de los ochenta y la comparamos con la poesía aparentemente predominante de los años sesenta y primeros setenta, lo que más nos llama la atención es el cambio de formulación de voz. Es decir, hay un paso del enunciado plural (nosotros: de la poesía social) a un enunciado desde el yo, individualista, pero siempre, eso sí, manteniendo una actitud ética, de identidad y asunción de los problemas de la tribu. La poesía no es un arma, pero sí pensamos que creen que es un acto moral, como una y otra vez nos recuerda Manuel Rivas o Ramiro Fonte en *Mínima moralidade* (1998) o Xavier R. Baixeras en *Beira Norte* (1997).

Entre las líneas temáticas predominantes en el discurso poético gallego de estos años creo que se pueden percibir muy diáfanas las siguientes:

Amor y sensualidad. Ciertamente el amor tiene una presencia notoria en muchos poemarios de Claudio Rodríguez Fer - amor y erotismo -; en los primeros libros de Miguel Anxo Fernán-Vello; en poemarios de Xulio L. Valcárcel, especialmente en *Memoria de agosto* (1993); o en *O lume branco* (1991) de Xosé María Álvarez Cáccamo. Muy relacionado con lo erótico está lo sensual; de una forma general podemos decir que hay, por parte de los poetas de los ochenta, una reflexión sobre una sensualidad que se recrea en la ternura y en este sentido están situándose en una tradición que viene de la lírica gallego-portuguesa medieval - las fuentes, los ciervos, las olas - que se conserva en las cantigas populares y que aflora con fuerza en autores gallegos contemporáneos: Rosalía de Castro, Álvaro Cunqueiro, Ricardo Carballo Calero o X.L. Méndez Ferrín.

El tiempo, el paso del tiempo. Conscientes de la finitud del ser, de la condición terrenal que nos acompaña, asumen este estado sabiendo que "Xa o máis puro foi feito para tránsito" ["Ya lo más puro nació para tránsito"], como nos recuerda Xohana Torres en su libro *Estacións ao mar* (1980). La marca de la temporalidad está muy presente en muchísimos poemarios y algunos aparecen connotados desde su propio título: *As certezas do clima* (1996) de Miguel Anxo Fernín-Vello, *Calendario perpetuo* (1997) de X.M. Álvarez Cáccamo, *Os días olvidados* (1985) de Eusebio Lorenzo Baleirón o *Solaina da ausencia* (1987) de Xulio L. Valcárcel.

La muerte. Ya entendida como fin, destrucción o autodestrucción, o bien como agonía - en el sentido etimológico -, la muerte es otra presencia temática que muy frecuentemente va asociada con el tema del tiempo y a veces con el del amor.

La presencia de la naturaleza. Es éste un tema de gran dimensión y calado en la lírica gallega desde la poesía de los *Cancioneiros* medievales, pasando por la poesía del siglo XIX y cobrando más fuerza, si cabe, en la del siglo XX; autores como Aquilino Iglesia Alvariño, Xosé María Díaz Castro, Manuel María, Uxío Novoneyra son muestras bastante significativas. Algunos de los poetas de los ochenta retoman esta tradición: mar, rías, flora, fauna, montes, picos, llanuras, que muchas veces cobran dimensión cósmica e incluso erótica.

Carácter elegíaco. En total consonancia con el paso de la voz individual, que se opera en la poesía gallega nueva, nos encontramos con una gran presencia de lo vivencial-existencial, de lo autobiográfico, respondiendo a un afán de comunicación de la voz de la experiencia, que reviste un carácter elegíaco. *Visitantes* (1991) de Xavier R. Baixeras, *Livro das devoracións* (1996) de Pilar Pallarés, *Das últimas mareas* (1994) de Ana Romaní o *Luz do mediodía* (1995) de Ramiro Fonte, serían algunos ejemplos.

Epicidad, civismo. Lo que llevamos dicho podría llevar a pensar que la temática civico-social-reivindicativa está ausente de las preocupaciones de estos autores, sin embargo, esto no es así: hay un buen número de poetas en los que se manifiesta con gran pujanza: Xesús M. Valcárcel, Millán Picouto, Darío Xohn Cabana, X. Antón L. Dobao... Lógicamente son muy distintos los planteamientos de estos poetas si los comparamos con los de los poetas sociales de los años sesenta y primeros setenta: hay una mayor exigencia y un mayor rigor formal, son poemas menos directos, más sugerentes y plurisignificativos.

Reflexividad escritural, metapoesía. La poesía como tema. En un cierto carácter reflexivo que quiero leer en los versos de estos poetas, existe una constante referencia a la actividad creadora, entendida como liberación o angustia, sensación de vacío, herida o aflicción del verso, como posesión.

Todas estas propuestas temáticas se van a ver pautadas a nivel estilístico en una gran variedad de registros: desde el más decorativo y ampuloso hasta el que tiende a un cierto minimalismo, desde la negación total hasta la afirmación y el arraigo vital más pleno, desde un estilo y forma clásica hasta un lenguaje roto y esquinado, como es el de Pilar Pallarés y Eusebio Lorenzo Baleirón.

6

El proceso de diálogo está abierto. No nos será muy difícil ver que muchos de estos autores a los que me he referido están en sintonía discursiva con otros que escriben en catalán - Àlex Susanna, Pere Rovira, Joan Margarit, Carme Riera, Monserrat Roig, María-Mercè Marçal, Miquel de Palol -, portugués - Nuno Júdice, Al Berto, Luís Miguel Nava, António Osorio -, vasco - Gabriel Aresti, Joseba Sarrionaindía, Bernardo Atxaga - o castellano: Luis Mateo Díez, José Maria Merino, Luis García Montero, Felipe Benítez Reyes, Carlos Marzal, Andrés Trapiello. No nos separan las lenguas, lo que ocurre es que la comunicación a veces se interrumpe, especialmente cuando los medios no funcionan en sintonía con las ondas plurales que emiten las literaturas peninsulares.

BIBLIOGRAFÍA

Alonso Girgado, Luís
    1989   *Antoloxía do conto galego. Século XX.* Vigo: Editorial Galaxia.
    1990   *O relato breve. Escolma dunha década (1980-1990).* Vigo: Editorial Galaxia.
Álvarez Cáccamo, Xosé María
    1985   'As revistas culturais e literarias de 1975 a 1985.' Vigo: *Grial*, 89: 340-353.
    1994   *50 anos de poesía galega. T.I. A xeración do 36.* A Coruña: Editorial Penta.
Capelán, Antón
    1992   'Lectura a contrafío de *A nova narrativa galega* de María Camino Noia.' Santiago de Compostela: *Boletín Galego de Literatura*, 8: 61-77.

Blanco, Carmen
    1991   *Literatura galega da muller*. Vigo: Edicións Xerais de Galicia.
Forcadela, Manuel
    1993   *Manual e escolma da Nova Narrativa Galega*. Santiago de Compostela: Sotelo Blanco Edicións.
González-Millán, Xoán
    1994   *Literatura e sociedade en Galicia (1975-1990)*. Vigo: Edicións Xerais de Galicia.
    1996   *A narrativa galega actual (1975-1984)*. Vigo: Edicións Xerais de Galicia.
López-Barxas, F. y César Antonio Molina
    1991   *Fin de un milenio. Antología de la poesía gallega última*. Madrid: Libertarias.
López Bernárdez, Carlos
    1994   *50 anos de poesía galega. T.II. A xeración dos 50. A xeración dos 80*. A Coruña: Editorial Penta.
Losada Castro, Basilio
    1971   *Poetas gallegos de postguerra*. Barcelona: Ocnos.
    1972   *Poetas gallegos contemporáneos*. Barcelona: Seix Barral.
    1990   *Poesía gallega de hoy. Antología*. Madrid: Visor.
Mato Fondo, Miguel
    1991   *A mazá e a cinza*. Pontevedra: Edicións do Cumio.
Méndez Ferrín, Xosé Luís
    1984   *De Pondal a Novoneyra*. Vigo: Edicións Xerais de Galicia.
Monteagudo Romero, Henrique
    1995   'Dez anos de poesía galega.' Vigo: *Grial*, 89: 268-297.
Noia Campos, M. Camino
    1992   *A Nova Narrativa Galega*. Vigo: Editorial Galaxia.
Pound, Ezra
    1989   *Ensayos literarios*. Barcelona: Laia/Monte Ávila.
Queizán, María Xosé
    1979   'A Nova Narrativa ou a loita contra o sentimentalismo.' Vigo: *Grial*, 63: 67-80.
Rodríguez Fer, Claudio
    1989   *Poesía galega*. Vigo: Edicións Xerais de Galicia: 249-274.
    1994   'Panorama da poesía galega.' En: VV.AA. *La poesía nueva en el mundo hispánico*. Madrid: Visor Libros: 55-64.
Rodríguez, Luciano
    1986   *Desde a palabra, doce voces. Nova poesía galega*. Barcelona: Sotelo Blanco Edicions.
    1995   *Los caminos de la voz. Seis poetas gallegos de hoy*. Granada: Diputación Provincial, Colección Maillot Amarillo.
    1996   *Poesía gallega contemporánea*. Torremolinos-Málaga: *Litoral*.
Rodríguez, Luciano y Teresa Seara
    1997   *Para saír do século. Nova proposta poética*. Vigo: Edicións Xerais de Galicia.
Susanna, Àlex
    1990   *Sis poetes gallecs*. Barcelona: Columna.
Tarrío Varela, Anxo
    1994   *Literatura Galega. Aportacións a unha Historia crítica*. Vigo: Edicións Xerais de Galicia.
Vilavedra, Dolores (Coord.)
    1995   *Diccionario da Literatura Galega. Vol.I. Autores*. Vigo: Editorial Galaxia.
    1996   'La narrativa gallega de los 80, una década de búsqueda.' En: *Revista de Lenguas y Literaturas catalana, gallega y vasca*. Madrid: UNED: 231-236.

Antonio Jiménez Millán
Universidad de Málaga

LA RAZÓN NARRATIVA: NOTAS SOBRE LA POESÍA HISPÁNICA DE FIN DE SIGLO

En un artículo titulado 'La picardía original de la novela picaresca', Ortega y Gasset consideraba este género como 'arte de copia' de lo real y, por lo tanto, arte sin independencia estética. (1946: 119-123)[1] Si Ortega aplicaba estos criterios a la novela de los siglos XVI y XVII, no debe extrañar en absoluto su formulación del ideal de poesía contemporánea, 'álgebra superior de las metáforas' (*La deshumanización del arte*), ni el empeño de sus seguidores en demostrar, de acuerdo con categorías vagamente formalistas, el carácter autónomo, casi autorreferencial, de la expresión poética del siglo XX. Todas las polémicas en torno a la pureza y al compromiso, a la validez de la llamada 'poesía social', incluso los balances más o menos demoledores de la poesía de posguerra, pasan por esa trampa esteticista desde la que hoy se permiten algunos fustigar la 'pobreza de la poesía de la experiencia', con algo - o mucho - de simpleza académica: salvo raras excepciones, los presupuestos de la crítica que se hace en nuestro país no han modificado sustancialmente aquellas bases que estableció el pensamiento orteguiano y continuó, con bastante fidelidad, la estilística. Los sucesivos matices sociológicos, estructuralistas o semiológicos no han sido más que adornos o leves variaciones de una creencia sólida, la misma que aparece en esta declaración de Dámaso Alonso acerca de sus contemporáneos: "No, no hubo un sentido conjunto de protesta política, ni aún de preocupación política en esta generación. Ni es muy raro que así fuera, tratándose de un grupo de poetas." (Alonso 1952) O en esta poética 'novísima': "Es curioso pero las respectivas ideologías de los poetas no tienen apenas influencia sobre su obra..." (Azúa 1970: 139)

Lo cierto es que ese grupo de poetas al que se refería Dámaso Alonso, incluido él mismo, tuvo que enfrentarse a los vaivenes de una historia no precisamente favorable; si una obra poética expresa una visión del mundo, la de los autores del 27 se vio modificada por acontecimientos que llevaron a muchos a vivir 'entre el clavel y la espada', siguiendo el título de Rafael Alberti. Y, como veremos, no todos los poetas de los años setenta habrían de seguir en una línea de asepsia culturalista.

Generaciones y mudanzas

Una segunda trampa sería de carácter historicista: la aplicación sistemática del método generacional al estudio de nuestra literatura (otra vez nos encontramos con la influencia de Ortega y Gasset, perfeccionada por Julián Marías). Andrés Soria Olmedo (1980: 84-87) acertaba al decir que la teoría de las generaciones es una más entre otras, con su parte de verdad y de falsedad inevitable, aunque en los últimos tiempos parece que se ha institucionalizado a través de manuales y antologías.[2] Ya es casi obligatorio pertenecer a una generación, como sugería irónicamente Felipe Benítez Reyes: "A los poetas nuevos no sólo se nos exige que escribamos buenos poemas, sino que además nos inventemos unos rasgos generacionales." La crítica coincide en señalar que la antología de Josep María Castellet *Nueve novísimos poetas españoles* (1970) marca un cambio de signo, un antes y un después en la historia de la poesía española de postguerra, e incluso se habla de *postnovísimos*, siguiendo la denominación utilizada por Luis Antonio de Villena (1986). Para el autor de *Hymnica*, la llamada generación novísima

> fue *rupturista* porque rechazaba lo inmediatamente anterior (la generación del '50, quizá con la excepción amistosa de Gil de Biedma, quedaba en una curiosa zona de sombra, en un extraño *sí es-no es*) y porque la estética que preconizaba, aunque acaso no nueva en cada uno de sus ingredientes detallados, resultaba *nueva* en aquel momento. (Villena 1986: 12)

Una poética resultante de la amalgama del "esteticismo decadente, formas surrealistas, relación con el cómic, el cine y los *mass-media*, construcción en elipsis del poema, interés por la rareza y lo (aparentemente) despersonalizado..." (ibídem: 12). Este sería un *primer momento* de la estética novísima o *veneciana*, dominante entre los años 1966 y 1973; a partir de aquí, según Villena, se produce un giro, un proceso de individualización literaria que coincide cronológicamente con los inicios de una nueva generación:

> El nacimiento de los que serían postnovísimos tuvo que ser *continuista*. Si los novísimos rompieron, de entrada, con mucho de lo que les era inmediatamente anterior en poesía, no ocurre lo propio con sus sucesores. O por ser más exactos,

su ruptura con el *venecianismo* (no estrepitosa, pero sí cierta) la habían hecho, más o menos ostensiblemente, los propios venecianos. (Ibídem:17)

Admitiendo el término *postnovísimos*, no creo que exista esa continuidad. El mismo Luis Antonio de Villena expone argumentos diferentes en su antología posterior, *Fin de siglo* (1992), cuyo prólogo teoriza el 'sesgo clásico' de la joven poesía española. Sin embargo, es preciso reconocer que a finales de los años sesenta existe un proyecto de renovación que no es exclusivo del ámbito de expresión castellana. En *La nueva poesía catalana* (1984), Joaquim Marco y Jaume Pont se refieren a un auténtico cambio de signo en la poesía catalana, tras el agotamiento del 'realismo crítico' (1984: 9 y ss.), y no es difícil advertir la semejanza de planteamientos con la mayoría de los autores incluidos en la antología de Castellet: el intento de enlazar con las vanguardias históricas (desde Pound a los surrealistas) y con las tendencias *marginales* de la postguerra, la admiración declarada hacia autores como Aleixandre, García Lorca o J.V. Foix, el culturalismo, las técnicas elípticas o la intertextualidad. Incluso la especulación teórica, la metapoesía, son tan características de la obra de Gimferrer (*Els miralls*, *Foc cec*) como de la de Guillermo Carnero o Jenaro Talens. En el caso de la literatura catalana, se suele insistir en la *eclosión* de los años setenta, impulsada por la aparición de nuevas editoriales, colecciones de poesía y revistas. Importante fue, por ejemplo, la labor editorial realizada por Ramon Pinyol, Mª Mercè Marçal y Xavier Bru de Sala al frente de 'Llibres del Mall', donde se dieron a conocer Josep Piera, Jaume Pont, Miquel de Palol o Alex Susanna, entre otros, o la línea de otras colecciones como 'Ausiàs March', 'L'Escorpí' o la valenciana 'Tres i Quatre'. Junto a los nuevos autores aparecen los ya reconocidos (Joan Brossa, Miquel Martí i Pol, Vicent Andrés Estellés). Por su parte, Luciano Rodríguez señala el año 1976 como una fecha clave en el panorama de la poesía gallega, al coincidir en él la publicación de *Con pólvora e magnolias*, de X.L. Méndez Ferrín, y *Mesteres*, de Arcadio López Casanova, aunque también deja muy claro que las dos figuras más relevantes (las que realmente están detrás de los dos poemarios citados) son Alvaro Cunqueiro y Aquilino Iglesia Alvariño:

> Cunqueiro sí va a ser un maestro siempre reconocido y asumido por los poetas jóvenes, especialmente el Cunqueiro de *Herba aquí e acolá* (1980). Será el autor culturalista, trascendente, irónico y evocador, que se enfrenta con el enigma, el que más interese a estos poetas. (Rodríguez 1995: 17)[3]

En 1973, Mª Victoria Moreno Márquez había editado *Os novísimos da poesía galega*, una antología en la que el compromiso político de buena parte de los autores incluidos constituye un importante factor diferencial respecto a sus equivalentes castellanos y catalanes.

El giro de los años ochenta

Algunos poetas novísimos exageraron la voluntad de ruptura sugerida por Castellet en su ya famoso prólogo de 1970. Sirvan como ejemplo las declaraciones de Gimferrer a Federico Campbell en el libro *Infame turba* ('Creo que la separación entre poesía de vanguardia y poesía académica debe establecerse de modo tajante...', y poesía 'académica' era toda la que se había escrito en la postguerra, exceptuando a Carlos Edmundo de Ory) o el balance arrasador de la poesía reciente, de la que sólo salvaba a Larrea, Ory y Leopoldo Mª Panero. El tiempo, como siempre, ha puesto en su lugar esa pretendida ruptura y aquel supuesto academicismo. Germán Yanke explica a la perfección las dependencias históricas, situacionales, de una estética que buscaba cierto 'aire internacional':

> Me parece, incluso, que la manera de enfrentarse a la versificación -valga la ironía- de los novísimos, como recreación de una vanguardia, responde de manera meridianamente precisa a la sociedad española del momento: un afán, a menudo incontenido y extravagante, de modernidad, de adentrarse en la historia del arte mediante el amontonamiento de materiales históricos, referencias cultas, aportaciones del cine, de los medios de comunicación, de las mitologías de la época y de otras más o menos decadentes. Despreocupación ante las formas, técnicas elípticas y sincopadas y la artificiosa introducción de lo exótico son expresiones que dibujan la poesía novísima y retratan la sociedad española de los setenta. (Yanke 1996: 16)

Tal vez no sería muy aventurado establecer un paralelismo entre la relativa normalización democrática de los años ochenta y el cambio de signo en la escritura, no sólo poética. Esta década trae consigo un replanteamiento de la función de la poesía y un enlace diferente con las respectivas tradiciones. La acertada revisión crítica del llamado *grupo de los cincuenta* ha venido a demostrar que la ruptura, si es que puede hablarse en tales términos, se produjo mucho antes de que se difundiera la estética novísima: no todo era *realismo objetivo* ni *literatura social* monótona y falta de recursos. Algo semejante ocurre en el ámbito catalán, con el prestigio que adquieren poetas como Joan Vinyoli y Gabriel Ferrater.

Creo que en literatura son más importantes las tradiciones que las generaciones, no tanto la Tradición en el sentido amplio que le daba T.S. Eliot, sino los diversos caminos que el pasado abre (o cierra, según se mire) a un escritor contemporáneo. Buena parte de la poesía de los ochenta, y de los noventa, se reconoce y busca su legitimación teórica en una línea *empirista* cuyo origen podría estar en el romanticismo inglés - Wordsworth y su imagen de la poesía como 'emoción recordada' - y que cuenta a Eliot, Auden, Spender o Larkin como principales referentes. Sin embargo, más allá de la expresión *poesía de la experiencia*, tomada del ensayo de Robert Langbaum y ya excesivamente *gastada* (sobre todo por el abuso que de ella han hecho los adversarios de esta orientación)[4], creo que se puede distinguir en la poesía hispánica contemporánea una corriente que se ajusta a una cierta *razón narrativa* (utilizo aquí el concepto acuñado por J.Mª Castellet en su análisis de la obra de Josep Pla) y establece una continuidad desde los autores de principio de siglo (Unamuno, los Machado) hasta hoy, pasando por un sector importante de la poesía del 27 y de la postguerra. En este sentido, el poema se concibe como una modalidad de relato, como un desarrollo particular de la experiencia, entendiendo ésta en su acepción más general, integradora de elementos biográficos, históricos y culturales. A partir de aquí se pueden dejar al margen tanto la obsesión por los relevos generacionales - esa trampa historicista - como las lecturas *vanguardistas* o esteticistas que se sustentan en una falsa imagen de la modernidad, y se pueden entender mucho mejor algunas *excepciones* que no son tales. Por ejemplo, el tono de reflexión moral que adoptan varios poetas jóvenes en Cataluña a finales de los sesenta, perceptible en libros como *Septembre 30*, de Marta Pessarrodona, o *Papers privats*, de Narcís Comadira, ambos de 1969 (no podemos olvidar, aquí, el magisterio de Gabriel Ferrater). O la evolución de la obra de Joan Vinyoli desde una poética simbolista hacia el vitalismo de *Realitats*, *Tot és ara i res* y *Passeig d'aniversari*, o la importancia de figuras como Miquel Martí i Pol y Feliu Formosa. En la poesía gallega y en la escrita en castellano hallaríamos numerosos ejemplos de lo que hemos llamado *razón narrativa* entre autores que pueden adscribirse a la generación del '70 o de los novísimos: baste con citar a Juan Luis Panero, Francisco Bejarano, Eloy Sánchez Rosillo o Xavier Rodríguez Baixeras.

Como advirtió Castellet en el prólogo de su antología, los novísimos no tienen coherencia de grupo; no es fácil encontrar el denominador común de su poética, ni puede ésta identificarse con el decadentismo esteticista que dio lugar al calificativo *venecianos*. El hecho es que, ya en los años ochenta, algunos autores que en un principio habían optado por un tipo de escritura rigurosamente culturalista, caso de Luis Alberto de Cuenca, dan un giro importante hacia el tono coloquial y narrativo: *La caja de plata* (1985); *El otro sueño* (1987), hasta el reciente *Por fuertes y fronteras* (1996). En una entrevista, el autor afirma que con *La caja de plata* "se produce una ruptura; porque hay mucho menos culturalismo, esteticismo, decadentismo, y en cambio hay una mayor presencia de elementos más frescos, lo que he definido y titulado *la brisa de la calle*..." (S/A 1990). Ese cambio de orientación al que aludía Luis Antonio de Villena es real, pero sólo se hace evidente a mediados de los ochenta con títulos como los ya citados de L.A. de Cuenca, *Tabula rasa* (1985) y *El sueño del origen y la muerte* (1988), de Jenaro Talens, o *La muerte únicamente* (1984) del propio Villena, aunque ya *Hymnica* y *Huir del invierno* anunciasen ese giro. Tampoco debemos olvidar - y se olvida casi siempre - que existió una alternativa inmediata al lanzamiento editorial de los novísimos desde Barcelona y Madrid (la antología de Antonio Prieto *Espejo del amor y la muerte*): se trataba del grupo leonés 'Claraboya', cuyos componentes - entre ellos, Agustín Delgado o un joven Luis Mateo Díez - esbozan una poética materialista desde la reflexión teórica sobre las posibilidades narrativas y los recursos que habían desplegado sus predecesores de los años cincuenta (Delgado *et al.* 1971).

Estoy de acuerdo con Germán Yanke en la apreciación de que no existen estilos generacionales, pero sí *maneras*, "si no se entienden éstas de modo simple y despectivo." (Yanke 1996: 17)[5] Hay, sobre todo, formas de entender la escritura poética, su lugar y sus funciones, la relación con un lector imaginario. Frente a los alardes culturalistas y las pretensiones metafísicas, un sector bastante amplio de poetas que se expresan en las distintas lenguas oficiales del Estado han preferido la vía de la *normalización*[6], el alejamiento de un lenguaje críptico, plagado de referencias culturales y de citas. Más que hablar de la poesía en abstracto, interesa centrarse en los aspectos constructivos y comunicativos del poema, en la fijación de la experiencia o en el papel creador - y distanciador - de la memoria. Es verdad que existe un relativo descrédito de las vanguardias, pero afecta sobre todo a los *gestos*, a las actitudes. En el fondo, la crítica postmoderna a las vanguardias parte de la renuncia a las ilusiones esencialistas, y la reserva a propósito de conceptos como novedad, originalidad o ruptura debe entenderse dentro de una reacción, más amplia, contra el exceso verbal de las utopías (y la vanguardia era, fundamentalmente, utopía, incluso en su proyección social). La poesía de los años ochenta ya no suele escoger la opción de la marginalidad y prefiere aquella 'dignidad de las palabras corrientes' de la que hablaba Coleridge, el tono discursivo e intimista, la ironía, la sencillez difícil de contar historias prescindiendo de efectos retóricos innecesarios. No es casual que se haya recurrido a la célebre sentencia de Auden: 'El poeta contemporáneo que levante la voz sonará a falso'. Refiriéndose a la poesía gallega, Ramiro Fonte ha escrito : "Faltaba por conquistar la normalidad; los libros de poesía debían de dejar de competir consigo mismos, como islas solitarias, y salir al encuentro con sus lectores." (1996: 35) Y en una poética publicada en 1986, Xosé María Alvarez Cáccamo se declaraba contrario al hermetismo: "Creo que devemos plantexar-nos de novo a cuestión da funcionalidade comunicativa da poesía e esquecer un pouco certa teima de trascendentalismo autónomo do texto que veu suceder à preocupación polos aspectos sociais da arte." (1986: 37)

Esa misma reivindicación de las funciones comunicativas se advierte en la nota que el poeta valenciano Enric Sòria escribe para su libro *Varia et memorabilia*:

> Pretenia tornar a les paraules més gastades per l'ús la seua qualitat de matèria del vers, i seguesc pensant que no hi ha, en el més vast diccionari, una sola paraula que no puga ser instrument del poema (...). Volia també escriure en un català no massa allunyat del que he escoltat, ni del catalá que parle, amb què pense i somnie. (1988: 9-10)

La poesía busca de nuevo al lector, "l'home amb minúscula, no cap concepte vagament general del qual es puguen predicar abstraccions no menys vagues, sinó els homes concrets, delimitats per accions i passions també concrets, com jo i el meu lector, la gent que passa" (ibídem: 9-10), habla de experiencias comunes y extrae de ellas una reflexión moral. En el primer libro de Carlos Marzal, *El último de la fiesta* (1987), encontramos esta declaración de principios:

> Se me ocurre, además, que trato de dar cuenta
> de una vida moral, es decir, reflexiva,
> mediante un personaje que vive en los poemas.
> (...)
> Aspiro a escribir bien y trato de ser claro.
> Cuido el metro y la rima, pero no me esclavizan;
> es fácil que la forma se convierta en obstáculo
> para que nos entiendan...

'Las buenas intenciones' se titula esta especie de poética que resume muy bien la nueva orientación de los años ochenta. Carlos Marzal pone de relieve el carácter de *ficción* que tiene el poema, opta por la claridad y, en el mismo texto, se declara partidario de 'aquellos que construyen con emoción su obra/ y hacen del arte vida'. La emoción, la intensidad, incluso los sentimientos - tan denostados antes - vuelven a situarse en primer plano. El vitalismo es un rasgo inherente a la obra de Joan Margarit, de Ramiro Fonte, de Miquel de Palol, de Luis García Montero, de Pere Rovira o de Jon Juaristi. En 1983, Luis García Montero, Alvaro Salvador y Javier Egea publican una breve edición, *La otra sentimentalidad*, con dos textos programáticos que, después de remitir a las palabras de Juan de Mairena/ Antonio Machado (una nueva poesía lleva consigo no una nueva sensibilidad, sino una nueva sentimentalidad), cuestionaba las distinciones entre intimidad e historia, razón y sentimiento, y proponía 'otro romanticismo' (título de un poema de *Paseo de los tristes*, de Javier Egea), otra moral. Ya en 1974, el libro de Alvaro Salvador *La mala crianza* presentaba una síntesis de temas y recursos afines a la poesía de los novísimos, desde la presencia de la música *beat* al automatismo descriptivo, pero con un proyecto ideológico diferente, consolidado en la reflexión teórica de *Las cortezas del fruto* (1980). Los dos primeros libros de Luis García Montero, *Y ahora ya eres dueño del puente de Brooklyn* (1980) y *El jardín extranjero* (1983), asumen la indagación sobre lo privado desde una perspectiva histórica que tiene muy en cuenta las ideologías, la supuesta neutralidad del lenguaje. Sólo desde la conciencia de que la poesía es un artificio, sólo desde la distancia se puede abordar el análisis de los sentimientos, 'volver sobre los lugares sagrados como si fuesen simples escenarios, utilizar sus símbolos hasta convertirlos en metáforas de nuestra historia'. Observamos también una forma peculiar de entender la tradición literaria: "Todo lo admitido por el recuerdo forma parte del presente", escribe García Montero. En *Diario cómplice* (1987), el punto de partida es la convención literaria del *diario*; a través de ella, Luis García Montero deja muy claro el carácter ficcional ('mentiras de verdad, verdades de mentira') de la escritura poética:

> Recuerda que tú existes tan sólo en este libro.
> Agradece tu vida a mis fantasmas,
> a la pasión que pongo en cada verso...
> Recuerda que yo existo porque existe este libro,
> que puedo suicidarnos con romper una página.

Las flores del frío (1991) escoge la referencia baudelairiana para centrarse en la situación desolada del habitante de las ciudades. Es el núcleo temático de las canciones de la primera sección, mientras que los poemas narrativos extensos ahondan en la reflexión autobiográfica ('Casa en ruinas') o proyectan una mirada diferente hacia el tema amoroso que anticipa los contenidos del siguiente libro, *Habitaciones separadas* (1994). La síntesis entre la memoria personal y la memoria histórica y el uso de procedimientos narrativos definen libros como *El agua de noviembre* (1985) y *La condición del personaje* (1992), de Alvaro Salvador, mis dos poemarios *Restos de niebla* (1983) y *Ventanas sobre el bosque* (1987), *Un caso sencillo* (1986) y *El corazón azul del alumbrado* (1991), de Benjamín Prado; en una línea más intimista, *Los días laborables*, de Inmaculada Mengíbar, *La guerra de los treinta años* y *La dama errante*, de Angeles Mora, y *Septiembre* y *Manzanas amarillas*, de Luis Muñoz, uno de los autores jóvenes más valiosos en el panorama de la poesía actual. Luis Muñoz consigue crear en sus libros un ambiente de evocaciones que relativizan el tiempo y la experiencia:

> No existen las ciudades,
> sino el afán de un cuerpo,
> el sueño de las calles que persigues,
> el pulso que sacude otros paisajes,
> los pasos que deciden la distancia.

A pesar del primer verso de Luis Muñoz, sí que existen las ciudades. Incluso podíamos decir que la ciudad se convierte en escenario privilegiado de muchos poemas y de algunos libros publicados en los últimos veinte años. Pienso en el excepcional *Ciudad del hombre: Nueva York*, de

José María Fonollosa, un libro que no puede pasar inadvertido, y sobre todo en el carácter de 'segunda naturaleza' (Baudelaire) o 'segunda piel' (Larkin) con que se reviste la ciudad en casi todas las manifestaciones culturales de la modernidad, la poesía entre ellas. Como ha señalado Pere Pena, "el arquitecto, el poeta, el creador es también un *ciudadano*; y quizás desde esta posición con menos pretensiones sacrales, desde esta retaguardia común, la cultura vuelve a tener sentido en nuestras ciudades." (1994: 88) O Ramiro Fonte:

> Ciertamente, el poeta actual sabe que actúa en un territorio minado por la crítica, por la racionalidad, que una de sus principales vivencias es la vivencia de la crisis. Sabe que él no está al margen de la jugada, que su mundo de la vida no es diferente al de los otros ciudadanos y que la caída del viejo bardo lo ha dejado solitario, envuelto en el anonimato de la ciudad, que es donde el poeta parece encontrar el ritmo de sus pasos. Como el detective de Poe o el *flaneur* de Baudelaire surge de la multitud, entrega su mensaje y retorna a ella. (Ibídem: 117)

El *anonimato de la ciudad*: siguiendo aquella apreciación de Jaime Gil de Biedma sobre el poeta como 'hijo de vecino'[7], actualmente puede hablar Luis García Montero de una poesía 'para los seres normales', al margen de hermetismos y vanas metafísicas.

Jordi Llavina, autor de la antología *Les veus de l'experiència* (1992), ha llamado la atención sobre dos aspectos relevantes en la poesía catalana de los ochenta: la importancia del concepto de *tiempo*, que ya se advierte en algunos títulos (*L'edat d'or*, de Parcerisas; *L'ordre del temps*, de Joan Margarit; *Amb el temps*, de Pere Rovira; *Les anelles dels anys*, de Alex Susanna), y el predominio de la temática urbana, núcleo de obras como *Berlín Suite*, de Marta Pessarrodona, o *Palau d'hivern*, de Alex Susanna, centrado en Venecia. Los dos rasgos están muy presentes en los últimos libros de Joan Margarit - *Llum de pluja, Edat roja, Els motius del llop, Aigua forts* -, que nos ofrecen verdaderas *iluminaciones* (en el sentido de Walter Benjamin) de la realidad; así, en el poema de *Edat roja* titulado 'Esbós per a un epíleg':

> ...la vida representa
> no només la victòria del temps
> sobre nosaltres. També ensenya
> com va ser gloriosa aquella nostra
> victòria primera sobre el temps.

De "elección moral en el sentido baudelairiano" habla Francisco Díaz de Castro refiriéndose a la poesía de Pere Rovira. Sus poemas, desde *Distàncies* (1981) a *La vida en plural* (1996), hacen convivir la exaltación romántica y la lucidez despiadada, la voz cordial de los sentimientos, la sensualidad y la elegía. También es importante la función del tiempo;

'Tots els colors del món', del libro *Cartes marcades*, nos presenta a un narrador que contempla el pasado inmediato y el presente, el de dos amantes que participan del 'milagro de estar juntos':

> Que lluny és l'alba,
> la mort que lluny i la vellesa bruta,
> d'aquesta cara encesa de la vida.
> Tots els colors del món, tota una nit,
> condemna generosa del passat,
> per recordar-la sempre.

Si aceptamos la noción de *experiencia* a propósito de la poesía reciente, escrita en catalán, gallego o castellano, ha de ser en un sentido muy amplio que incluya, por supuesto, *la experiencia de lectura*, es decir, la asimilación de contenidos culturales muy diversos. El tema del viaje y la recreación histórica aparecen con frecuencia en la poesía catalana (Josep Piera, Gaspar Jaén i Urban), en la poesía gallega (Ramiro Fonte, Xavier Rodríguez Baixeras) y en la poesía castellana (Luis García Montero, Jon Juaristi, Andrés Trapiello). En sus estudios sobre poesía gallega, Luciano Rodríguez alude al culturalismo y a la preocupación por los aspectos formales como rasgos característicos de una escritura que desplazó al realismo social dominante en los sesenta: "no se trata de un culturalismo preciosista, frío y distante (...), sino de una forma plural de ver las artes, diferenciadas en cuanto a su expresión pero tremendamente intertextualizadas." (1995: 23) El amor, la sensualidad y el paso del tiempo son registros temáticos importantes en la última poesía gallega, donde la tradicional presencia de la naturaleza es matizada ahora por el escenario urbano, que suele funcionar como referente de la memoria. Véase este poema de Xulio L. Varcárcel, perteneciente al libro *Alba de auga sonámbula*:

> Habitas rúas de medo e buscas
> en cada neno que cruzas aquel neno que fuches
> Nunha luz oblicua da memoria onde se perden
> as horas en labirintos escuros
> invernos longuísimos cinza da tua historia...

En la poesía de Ramiro Fonte es fundamental esa "experiencia de lectura" que, en su caso, abarca desde los románticos europeos hasta Cernuda, Borges, Pessoa, Helder y Cunqueiro. La intensidad vital, la continua reflexión sobre los temas que definen la conciencia poética de la modernidad y el valor de la memoria son elementos que configuran sus libros (*Pasa un segredo*, *Adeus Norte* y *Luz do mediodía* pueden ser los títulos más relevantes). En *Luz do mediodía* se encuentra el poema 'Os nomes do regreso':

> Pero saio a esta praza
> Na que me está a agardar
> O edificio de pedra, modernista
> Do Castromil, envolto
> No nervioso trafego dos viaxeiros que toman
> Lentos autos de liña, aldeáns despintados.
> Sei que o van derrubar
> Este outono de días fríos,
> Transparentes, acaso dolorosos, en que eu chego,
> Co meu fráxil corazón do trinque a Santiago,
> Sen poder enxergar que o tempo decota, Coma un xardineiro
> cruel coas suas tesoiras frías,
> As ponlas verdes da minha infancia.

El artificio y lo verosímil

La desconfianza en el valor de la espontaneidad, tan celebrada en otro tiempo, resulta inseparable de la conciencia de la tradición y de la necesidad de *construir* el poema. Casi todas las declaraciones recientes apuntan hacia el sentido de convención, de artificio, inherente a la poesía contemporánea. Jon Juaristi habla de un "juego pactado entre el autor y sus lectores"; "más que nunca, la poesía aparece como un ejercicio consciente sobre la propia poesía, y sólo se puede atrapar al lector responsable ofreciéndole una distancia", escribe Luis García Montero. Y Felipe Benítez Reyes: "Creo que en un poema la emoción debe ser fingida (...). He pasado de entender la poesía como confesión a entenderla como un género de ficción." Desde su primer libro, *Paraíso manuscrito* (1982), hasta el reciente *El equipaje abierto* (1996), Felipe Benítez crea un mundo en el que, nuevamente, la experiencia real juega un papel tan importante como las lecturas o las reflexiones sobre el hecho de escribir. Un mundo poético que tiende a producir la sensación de verosimilitud, algo muy distinto de la sinceridad mal entendida: el arte y la literatura no deben confundirse con la vida ni tienen por qué reproducirla en el sentido más literal, pero siempre se refieren a ella, inevitablemente. Ese carácter de *ficción verosímil* define muy bien la poética de los últimos veinte años; se trata, a veces, de dar un sentido original y preciso a situaciones comunes que el lector puede reconocer como propias, como ocurre en esta 'Advertencia' que figura en *Los vanos mundos*, de Benítez Reyes:

> ...Y aprende que la vida tiene un precio
> que no puedes pagar continuamente.
> Y aprende dignidad en tu derrota
> agradeciendo a quien te quiso
> el regalo fugaz de su hermosura.

Si sus primeros libros ofrecen una extensa metáfora del desencanto - sobre todo *Los vanos mundos* (1985) y *La mala compañía* (1989) -, algunos de los poemas más recientes ('El artificio' o 'El mapa falsificado', de *Sombras particulares*, 1992; 'Ruinas del paraíso' o 'Cuarto de trabajo', de *El equipaje abierto*) confirman la orientación hacia una escritura en la que se imponen el distanciamiento y las constantes reflexivas, incluso metapoéticas, aunque en un sentido muy diferente al que se observa en los libros de Carnero, Talens o Gimferrer. Esas constantes reflexivas distinguen también a Andrés Trapiello -sobre todo en *Acaso una verdad*-, Abelardo Linares y Juan Lamillar. A. Linares evoluciona desde el sesgo culturalista de *Mitos* a la profundidad conceptual de *Sombras* y *Espejos*. El primer poema de *Sombras* nos plantea una cuestión fundamental en el panorama que estamos describiendo: '¿Cómo hablar de sí mismo?':

> ¿Cómo hablar de sí mismo, cómo presentar
> una verdad sin que algo me traicione?
> ...¿Cómo huir de las grandes palabras
> sin que me huya todo lo grande que hay en ellas?

En varios poemas del libro *Espejos* hallamos otro tema importante: la identidad y sus límites. Por su parte, Juan Lamillar define su poesía como "una manera de rescatar el instante, de construir otra realidad." En sus mejores libros (*Interiores*, *Música oscura*, *El arte de las sombras*), la elegancia de estilo va unida casi siempre a una discreta evocación melancólica:

> Toda luz aquí es falsa.
> Ilumina tan sólo esta bahía
> el recuerdo difuso del naufragio.
> Todo mar, todo sol, son ilusorios.
> Apenas en la playa
> se detiene la luz con su impostura,
> rompe el azul del mar con su espejismo.

El uso de *palabras de familia* contribuye al intento de generalizar experiencias y de alcanzar, así, un mayor grado de comunicación. Vicente Gallego prefiere, de acuerdo con Francisco Brines, "aquella poesía que se ejercita con afán de conocimiento, y aquella que hace revivir la pasión de la vida." En *Los ojos del extraño* y *La plata de los días*, sus mejores libros, la memoria rescata la intensidad, "un deseo tremendo/ incumplido y confuso de vivir":

> Pero ahora descubro
> que en aquellos engaños hubo mucha piedad,
> pues, junto a otras mentiras semejantes
> -la inocencia, el amor, la juventud-,

en mi memoria hoy brillan cual si fueran
las únicas verdades de la vida.

La sensación que transmite 'Las mentiras piadosas', de *La plata de los días*, esa mezcla de vitalismo y nostalgia, de pasión y hastío, puede ser compartida por algunos poetas de la edad de Vicente Gallego: Alvaro García, José Antonio Mesa Toré, J.M. Benítez Ariza, José Mateos, José Luis Piquero, Juan Manuel Villalba o Lorenzo Plana. Incluso por algunos más jóvenes como Carlos Pardo, Juan Carlos Abril o Txema Martínez Inglés. Valgan, como muestra, estos versos de *El amigo imaginario*, de José Antonio Mesa Toré, que presenta imágenes sucesivas de la construcción de un personaje poético hasta llegar al presente, vivido entre muchas dudas y muy pocas certezas:

No sabe bien si el tiempo se recobra o se pierde
y acaso -piensa ahora- en esa duda
esté la madurez...

A propósito de los autores más jóvenes, Luis Antonio de Villena ha formulado recientemente la hipótesis de una 'ruptura interior' en la poesía de la experiencia (1997). En todo caso, parece evidente que su aprendizaje literario les ha llevado a la preocupación por construir el poema en esa línea de ficción verosímil que hemos señalado; saben que existe ese artificio, pero también son conscientes de que debe notarse lo menos posible. Como vamos a ver de inmediato, la mirada irónica es un factor importante en esa construcción literaria.

Ironía y parodia

Parece claro que la ironía es un componente decisivo en las poéticas de la modernidad. Desde Octavio Paz (1974) a Hans Robert Jauss (1976), la crítica ha estudiado los diferentes modos en que la poesía se cuestiona a sí misma a partir de la disolución del romanticismo. Cuando a finales de los setenta se agotó el formalismo esteticista, convertido en efímera estética dominante, el empleo de la ironía volvió a situarse en lugar preferente, hasta tal punto que ha sido considerado como uno de los rasgos que mejor definen el panorama de la poesía actual. También en este caso existen tradiciones recuperadas: la que puede ir desde Guerau de Liost a Pere Quart, en la poesía catalana, o aquella que se inicia en Bécquer, continúa con Manuel Machado y llega hasta algunos poetas del 50 (Angel González, Jaime Gil de Biedma, José Agustín Goytisolo), en la poesía castellana. Después de ellos - y se puede decir que en línea directa con ellos -, muchos autores han utilizado las distintas modalidades de la ironía, incluso el humor, la parodia y el pastiche como recursos expresivos. Paródicos son, por ejemplo, algunos títulos de Javier Salvago (*La destrucción o el humor*), de Jon Juaristi (*Diario del poeta recién cansado*) o de Luis García Montero ('Coplas a la muerte de su colega'). Más o menos humorísticos pueden considerarse *La cosa aquella*, de Enric Cassasas, *El último de la fiesta*, de Carlos Marzal, o *Gralles al galliner*, de Miquel de Palol y, por supuesto, el título de muchos poemas: 'Nunca vendrá la tuna', del libro de Leopoldo Alas *Los palcos*, por citar sólo uno. Otros son suficientemente explícitos: *Sàtires*, de Pere Rovira. De la importancia de la *figuración irónica* han tratado, entre otros, Pere Ballart (1994) y Germán Yanke; según este último, la ironía que atraviesa una buena parte de la poesía 'postnovísima' va encaminada a conseguir una cierta distancia, "para evitar el énfasis de las *complicaciones de la vida*, para conectar también con el lector." (1994: 46)

Entre las voces más destacadas de la poesía de los ochenta está, sin duda, Ana Rossetti. Sus libros - *Los devaneos de Erato* (1980), *Indicios vehementes* (1985), *Devocionario* (1986) - se distinguen por una gran riqueza, casi barroca, de vocabulario e imágenes; el tratamiento del erotismo pasa por una hábil recuperación de figuras y contenidos religiosos o litúrgicos en la que cuenta mucho el sentido del humor. Así, en el poema 'Pasión y martirio de la devota de San Francisco de Catania (en el siglo, Franco Battiato)', incluido en su antología *Yesterday* (1988):

> Despojada de toda voluntad,
> salvo la de perderse, hizo colas larguísimas
> en la Escuela de Idiomas sólo por adorarlo
> en italiano. Pintó jaculatorias
> -voglio te- por el metro. De Interflora a Interflora
> fue fundiendo su Visa...

Otro autor andaluz, Javier Salvago, ha construido prácticamente todos sus libros valiéndose del recurso a la ironía. En *La destrucción o el humor*, la paráfrasis del célebre título de Aleixandre establece una identidad tan relativa como ambigua, porque el humor, más que destrucción, es una forma paciente, casi estoica, de supervivencia:

> ¿Comprende usted, al fin, por qué sonrío?
> Sólo el humor me salva.

La construcción rigurosa del poema y la vuelta al estrofismo clásico distinguen también a la poesía de Jon Juaristi, cuya desconfianza de la intuición y la irracionalidad quedan patentes en su poética de 1987:

> Conozco bien la poesía romántica europea y de sobra está decir que me disgusta; en particular, la de los visionarios. Pretendo hacer una obra lo más impersonal e intelectualista posible. Vivo, en fin, en un país que adora las emociones fuertes, y así nos va. (García Martín 1988: 78)

Juaristi alude a una tradición muy peculiar, la del País Vasco, situada 'en los márgenes de la latinidad', desde Unamuno a Blas de Otero y Gabriel Aresti, y a una situación histórica en permanente conflicto:

> Jamás, sobre esta tierra de cristianos,
> volveré a hablar vuestro ingrato Euskera.

Pocos poetas han utilizado el sarcasmo y la parodia con el atrevimiento de Jon Juaristi.[8] Véase el pastiche lorquiano de 'La casada infiel':

> Yo me la llevé a la playa
> la noche de Aberri Eguna,
> pero tenía marido
> y era de Herri Batasuna.

O el poema 'Il miglior fabbro', de *Suma de varia intención* (1987):

> Siempre lo dije y fui -creo- sincero:
> Unamuno el primero
> y después Blas de Otero.
> A lo hecho, pecho. Apelo ahora al derecho
> de cambiar de canal:
> Tú eras el más grande, Marcial.

La tendencia a emplear rimas agudas refuerza el efecto irónico de otros poemas de Juaristi como 'Los tristes campos de Troya', de *Arte de marear* (1988), memorable recuento de la vida en el ejército, 'Intento formular mi experiencia de la poesía civil', de *Los paisajes domésticos*, homenaje explícito a Jaime Gil de Biedma, o 'Romanza con sordina', de *Tiempo desapacible* (1996). En el prólogo a *Mediodía* (1994), Andrés Trapiello acierta al decir que, en la poesía de Jon Juaristi, la sátira es una forma de elegía:

> Y que a nadie engañen, cuando se topen, sus parodias: no son más que elegías camufladas. Es parte de su inteligencia, del que piensa no ya que el pasado es mejor que el presente, como ciertos románticos, sino que el presente es mejor que el futuro, como el padre de la modernidad, nuestro gran Baudelaire.

Hablando de otras modalidades de la ironía, conviene recordar la actualización de esquemas formales clásicos en la poesía de Luis García Montero; de Góngora, en 'Los ochenta en soledad'; de Garcilaso, en 'Egloga de los dos rascacielos'; de la estrofa manriqueña, como parodia del tópico del *ubi sunt*, en 'Coplas a la muerte de su colega':

> ¿Qué se hizo Marilyn?
> ¿Aquellos Beatles de antaño,
> qué se hicieron?

> ¿Qué fue de tanto sinfín
> de galanes que en un año
> nos vendieron?
> Y los tunos, los toreros,
> los cantantes de revista
> en el olvido;
> las folklóricas primero,
> el marqués y la corista,
> ¿dónde han ido?

Pertenecientes a la colección 'Rimado de ciudad', todos estos poemas han sido recogidos en el libro *Además* (1994). "Los poemas con rima" - escribe García Montero en el prólogo - "ponen en juego el conocimiento interno de esa convención artística que es siempre un poema. Las estrofas de 'Rimado de ciudad' son también el trazado de una frontera, porque desvelan el artificio que hay en cualquiera de mis poemas."

Otra forma de actualización irónica es el recurso a los mitos, utilizado inteligentemente por Amalia Bautista (*Cárcel de amor*, 1988), Aurora Luque (*Problemas de doblaje*, 1990; *Carpe noctem*, 1994) y, sobre todo, por Luis Alberto de Cuenca, ya sea a través de personajes (Nausicaa, Helena, en *El hacha y la rosa*, 1993) o de tópicos literarios ('Collige, virgo, rosas', en *Por fuertes y fronteras*, 1996):

> Niña, arranca las rosas, no esperes a mañana.
> Córtalas a destajo, desaforadamente,
> sin pararte a pensar si son buenas o malas.
> Que no quede ni una. Púlete los rosales
> que encuentres a tu paso y deja las espinas
> para tus compañeras de colegio...

Al emplear sistemáticamente la rima y poner en juego homofonías y neologismos, autores como Francisco Fortuny (*Cielo rasante*, 1992) intensifican el sentido paródico de sus poemas. O al adaptar un tono elevado, entre barroco y vanguardista, a asuntos 'prosaicos'; así, en *El mapa de los años*, de Francisco Díaz de Castro pueden leerse los tres versos que siguen del poema 'El poeta suscribe una hipoteca':

> Amor, amor, en oneroso vuelo
> qué caída tan tonta en la hipoteca
> que tus ojos me ofrecen...

En varios libros de Felipe Benítez Reyes se observa un tratamiento irónico de motivos literarios románticos y modernistas, de claves que el autor maneja con gran habilidad. En *Vidas improbables* (1995), Benítez Reyes presenta a una serie de poetas apócrifos; la parodia es aquí, sin duda, la base de la construcción textual, aunque no excluye el homenaje (a Keats, Leopardi o T.S. Eliot, a través del 'falsificador Rogelio Vega', o al modernismo tardío, en la voz de *Angel Ruiz del Valle*). Felipe Benítez se adentra en el terreno de la ficción, en un atractivo juego de máscaras que hace surgir la biografía y la poética de once autores imaginarios, con una diversidad de tonos que va desde el ultraísmo a la 'poesía de la experiencia', y demuestra un virtuosismo técnico excepcional. A veces, la ironía da coherencia a todo un libro, como ocurre en *El último de la fiesta*, de Carlos Marzal, donde el autor hace intervenir a distintas *voces* que ofrecen al lector un contraste de perspectivas ('Nostalgia de la barra americana', 'Tríptico', 'In memoriam C.M.'); algunos poemas de *La vida de frontera* ('Media verónica para don Manuel Machado', 'Los viejos camaradas') también se sitúan en una perspectiva irónica, aunque el tono general del libro varía sustancialmente, un cambio que ya es radical en su poemario más reciente, el magnífico *Los países nocturnos* (1996). El componente irónico juega un papel importante en la obra de Alvaro Salvador, en dos momentos muy diferentes: *La mala crianza* (1974) y *La condición del personaje* (1992), sobre todo en las secciones 'Enseñanzas de la edad' y 'Malas artes para ser maduro'.

En la poesía catalana actual existen diversos registros de la ironía y no faltan la sátira ni la parodia. En muchos poemas de Pere Rovira, la capacidad de observación se convierte en el mejor procedimiento para definir una actitud moral que es, también, una manera de fijar la experiencia. *Cartes marcades* y *Sàtires* ofrecen al lector una auténtica galería de personajes, literarios o no, a través de cuyos retratos nos llegan el contraste entre entusiasmos juveniles y renuncias del presente ('El convers'), los estragos del tiempo ('Una novel.la') o la inquietante sensación de un futuro previsible ('El professor'). Sus sátiras ponen en evidencia, por ejemplo, lo insustancial de algunas 'guerras literarias'; véase este mensaje ('Es que no callen') dirigido a la saga silenciosa y *valentina*:

> Hi ha poetes especialitzats
> en l'art de veure el món per un forat.
> No deu ser fàcil arribar amb un vers
> a posar el dit a l'ull de l'univers.
> Ni passejar la ploma per aquí
> tenint vocació de serafí
> ...En conec un que fa germinar un cul
> com germinen els astres en l'atzur.
> I un altre que no esguerra cap poema
> sense llepar en un cony la nit suprema.
> Tots s'espanten quan veuen al mirall
> la seva anatomia de badall.

A partir de *El porxo de les mirades* (1983) y, sobre todo, de *Indiferència* (1986), la poesía de Miquel de Palol se hace menos hermética, menos cargada de alusiones simbólicas, y gana en distanciamiento e ironía al tratar los dos temas fundamentales en su obra: el amor y el poder. En

1996 aparece *Gralles al galliner*, que recoge poemas insertos previamente en sus novelas (*El jardí dels sept crepuscles*, *L'angel d'hora en hora*); nos quedamos con esta sorprendente parodia - en el fondo, también homenaje - del famoso 'Assaig de cántic en el temple'. Se titula 'Assaig de palla al urinari':

> Ai, que cardat estic a la meva
> pelada, sorollosa, tan pol.luïda terra,
> i com m'agradaria de fotre'n el camp formigó enllà,
> on ens venen que la gens és rossa natural
> i silenciosa -o negra, catxas, rítmica y aeròbica-,
> en qualsevol cas, millonària, benfollada i feliç i...

La tendencia hacia el intimismo, perceptible en los poetas más jóvenes - tanto en castellano como en catalán -, adquiere, al existir mayor distanciamiento, un sentido de crítica desmitificadora que afecta a las relaciones familiares y al erotismo. Hay muchos ejemplos de ironía situacional y metapoética en libros como *Temps impersonal* de Txema Martínez Inglés, *El amigo imaginario* de J.A. Mesa Toré, *El ritmo de los ríos* de Tomás Cano, *La noche junto al álbum* de Alvaro García, *Ancla* de Lorenzo Plana, *Retiro sentimental* de José Luis Piquero, o *Partes de guerra* de Juan Bonilla ('La patria es la familia: ese lugar/ en el que dan paella los domingos...').

Al plantear la cuestión del sujeto poético en la postmodernidad, Dionisio Cañas afirmaba que la cita, la imitación, el préstamo o la parodia no eran sino estrategias para asimilar inteligentemente 'la difícil carga del pasado'. (1989: 52-53)[9] En nuestra época, y más en este fin de siglo que estamos viviendo, la literatura ya no pretende expresar la totalidad del mundo: sí que puede, en cambio, compensar la influencia de todas las *estéticas negativas* que se han sucedido a partir de las vanguardias. Decía Pavese que el gran arte moderno es siempre irónico, al igual que el antiguo era religioso. Una ironía que implica cierto descreimiento y, sobre todo, desacralización: de la supuesta esencia de la poesía, del yo poético. No debe llevar a engaño el predominio aparente de un 'tono menor'; al margen de falsas novedades en superficie, buena parte de la poesía que actualmente se escribe en nuestro país, con toda su diversidad lingüística y cultural, responde a cambios ideológicos y expresivos más profundos, como muy bien advierte el hispanista Claude Le Bigot: "Tal vez la crítica institucional no se haya percatado de esta mutación de los géneros que obedece a una nueva poética. Observa una vuelta al realismo, a la narratividad, a la tradición clásica como si nada hubiera sucedido. No se trata de una vuelta a la casilla de salida." (1996: 28) Unos cambios que difícilmente pueden ser apreciados desde un rígido criterio esteticista o desde la simple acumulación de relevos generacionales, que casi siempre suelen desvirtuar lo más importante: los buenos poemas.

NOTAS

1. Es muy interesante el comentario que sobre estas páginas hace Juan Carlos Rodríguez en su libro *La literatura del pobre*, Granada: Comares, 1994, 44.
2. Muy aficionado a las clasificaciones generacionales es el crítico J.L. García Martín, desde *Las voces y los ecos* (1980) hasta el reciente *Treinta años de poesía española (1975-1995)*. Si el lector se fija en la correspondencia entre el título y los márgenes cronológicos, deducirá fácilmente que los aciertos de esta antología empiezan ya en la primera página.
3. Puede verse también la edición de L. Rodríguez y A. Jiménez Millán 'Poesía gallega contemporánea', Málaga: *Litoral*, 1996.
4. A propósito de esta noción, son imprescindibles algunos trabajos incluidos en el nr. 25/26 de *La Página*, 'Poesía española de los 80', Santa Cruz de Tenerife, 1996: 'Mentiras arriesgadas', de Txema Martínez Inglés (30-33); 'La experiencia de la poesía', de Alvaro Salvador (36-42); 'El realismo en la poesía de los ochenta', de Pere Pena (aunque aparezca la firma de 'Alvaro Alonso'). Un excelente análisis sociológico es el de Juan José Lanz, 'La generación del ochenta' (17-29). La traducción del libro de Robert Langbaum acaba de aparecer en la editorial Comares, Granada, 1997.
5. A propósito de la poesía catalana, he tratado el tema en el estudio previo a 'Poesía catalana contemporánea', Málaga: *Litoral*, 1993.
6. Véase el ensayo de Luis García Montero en: Luis Muñoz (ed.), *El lugar de la poesía*, Granada: Maillot amarillo (1994: 107-112) y Luis García Montero, *Confesiones poéticas*, Granada: Maillot amarillo (1993).
7. Véase su magnífico ensayo 'Luis Cernuda y la expresión poética en prosa', en: *El pie de la letra*, Barcelona: Crítica, 1980: 318-330.
8. Escribe Francisco Díaz de Castro: "Posiblemente reúne la poesía de Juaristi el repertorio de recursos humorísticos más rico de las últimas décadas: desde la paráfrasis o la cita irónica al empleo frecuente de la rima aguda o los juegos de palabras, las antífrasis, las metáforas repentinas, las referencias cultas desmitificadoras." 'La dorada morralla de la vida', en: *El lomo de los días*, Almería: Batarro, 1996: 93.
9. Puede verse también M. Calinescu, *Cinco caras de la modernidad*, Madrid: Tecnos, 1991: 271 y ss.; F. Jameson, *El posmodernismo o la lógica cultural del capitalismo avanzado*, Barcelona: Paidós, 1991; Steven Connor, 'Deconstrucción e ironía', en: *Cultura postmoderna*, Madrid: Akal, 1996: 81-87.

BIBLIOGRAFÍA

Alonso, Dámaso
    1952   *Poetas españoles contemporáneos*. Madrid: Gredos.
Alvarez Cáccamo, Xosé María
    1986   'Poética.' En: Luciano Rodríguez, *Desde a palabra, doce voces. Nova poesía galega*. Barcelona: Sotelo Blanco Edicions.
Azúa, Félix de
    1970   'Poética.' En: José María Castellet, *Nueve novísimos poetas españoles*, Barcelona: Seix Barral.
Ballart, Pere
    1994   *Eironeia*. Barcelona: Sirmio.
Cañas, Dionisio
    1989   'El sujeto poético posmoderno.' En: *Insula*, nr. 512-513.
Delgado, Díez, Fierro, Llamas, (Equipo Claraboya)
    1971   *Teoría y poemas*. Barcelona: El Bardo.

Fonte, Ramiro
 1996 'Una poesía europea.' En: L. Rodríguez/ A. Jiménez Millán, 'Poesía gallega contemporánea.' En: *Litoral*, Málaga.
García Martín, José Luis
 1988 *La generación de los ochenta*. Valencia: Mestral.
Jauss, Hans Robert
 1976 *La literatura como provocación*. Barcelona: Península.
Le Bigot, Claude
 1996 'Estudio preliminar.' En: Albert Bensoussan y Claude Le Bigot, *Poetas españoles del siglo veinte*. Rennes: Presses Universitaires.
Llavina, Jordi
 1992 *Les veus de l'experiència. Antologia de la poesia catalana actual*. Barcelona: Columna.
Marco, Joaquim y Jaume Pont
 1984 *La nueva poesía catalana*. Barcelona: Plaza y Janés.
Muñoz, Luis (ed.)
 1994 *El lugar de la poesía*. Granada: Maillot Amarillo.
Ortega y Gasset, José
 1946 *Obras completas*, II. Madrid: Revista de Occidente, 119-123.
Paz, Octavio
 1974 *Los hijos del limo*. Barcelona: Seix Barral.
Pena, Pere
 1994 'La otra ciudad (Los poetas y la ciudad de fin de siglo).' En: *Scriptura*, nº 10, 'Poesía actual', Lleida: Universitat de Lleida.
Rodríguez, Luciano
 1995 *Los caminos de la voz. Seis poetas gallegos de hoy*. Granada: Maillot Amarillo.
S.A.
 1990 *Entrevista en Canente*. nr 8, Málaga.
Sòria, Enric
 1988 *Varia et memorabilia*. Valencia: Gregal.
Soria Olmedo, Andrés
 1980 '¿Generación del 27? (Persecución de un tópico).' En: AAVV, *Lecturas del 27*. Universidad de Granada: Granada.
Trapiello, Andrés
 1994 'Prólogo' a *Mediodía (1985-1993)*, de Jon Juaristi. Granada: La Veleta.
Villena, Luis Antonio de
 1986 *Postnovísimos*. Madrid: Visor.
 1997 *10 menos 20. La ruptura interior en la 'poesía de la experiencia'*. Valencia: Pre-textos.
Yanke, Germán
 1996 *Los poetas tranquilos. Antología de la poesía realista de fin de siglo*. Granada: Maillot Amarillo.

Andreu van Hooft Comajuncosas
Universidad de Nimega

UNA HISTORIA DE HISTORIAS: ENCUESTA SOBRE HISTORIOGRAFÍA LITERARIA

1. *Los antecedentes*

La realidad plurilingüe del estado español ha sido y es un hecho indiscutible. No obstante en un pasado no muy lejano y durante casi cuarenta años (1939-1975) esta realidad plural fue tajantemente negada y repudiada por el régimen totalitario del general Franco. Precisamente, aquella perspectiva unitaria y centralista de ese mismo régimen fue fijada y puesta de manifiesto en uno de los eslóganes más usados por adictos y simpatizantes: "España una, grande y libre". El estado español de por aquel entonces se declaraba monocultural, nacionalista, confesional y casto. El primero de los tres adjetivos que aparece en el eslogan político antes citado es el que nos interesa glosar aquí, "España *una* [...]". Este *una* conllevaba la aceptación, propagación e imposición no sólo de una ideología o manera de entender el mundo ajeno y el mundo propio, "la indisoluble unidad de la patria" y "la unidad de destino en lo universal" en palabras del general, también presuponía que la lengua española era el único vehículo oficial de cultura. Estos presupuestos, en consecuencia, llevaban a la negación y, si la ocasión lo exigía, la persecución y prohibición de las otras lenguas del país como evidentes expresiones de la pluralidad que, precisamente, el general quería acallar. La realidad plurilingüe y multicultural del estado español fue, desde la oficialidad franquista, rechazada por vía sumaria.

Las expresiones literarias en catalán, vasco y gallego eran, en mayor o menor medida, actividades semi-clandestinas, con recursos muy limitados y de aún más escasa difusión y recepción. El ostracismo obligado y la condena a la marginalidad de estas tres lenguas y sus obras literarias limitaron en extremo la repercusión de las mismas en el ámbito de las ideas y de la estética de la época, ya fuera en los propios ámbitos lingüísticos del catalán, vasco y gallego como en el exterior, léase, el resto del estado español y el mundo. Además y agravando el estado de cosas, no fueron muchos los ciudadanos que, durante las primeras décadas del franquismo sobre todo, manifestaran echar en falta la escasa presencia de estas tres lenguas y tradiciones literarias en el ámbito social y cultural del país y, en consecuencia, reclamaran su protagonismo.

Durante cuarenta años y oficialmente sólo existió, de hecho, una literatura, la literatura española. De ahí que tanto el aparato editorial, las revistas y periódicos, y los medios de comunicación de masas (radio y televisión), como el discurso historicista de la academia sólo consideraran relevante y como objeto de noticia los unos y de estudio y análisis los otros las obras literarias escritas en castellano. Incluso dentro del grupo de obras de creación, así como en el grupo de las obras de crítica y historiografía escritas en castellano, también se realizó una criba y censura que afectó, por supuesto, a aquellos autores y obras que por motivos ideológicos y estéticos obvios no encajaban con los usos de la época, los valores, moral y curso político del régimen (Abellán 1980, Mainer 1980, Seco Serrano 1990).

Si las obras de creación escritas en vasco, gallego y catalán encontraron dichas dificultades e impedimentos, no extrañará que el discurso histórico y el discurso crítico sobre dichas obras también sufrieran sus penurias. Si se comparan, *grosso modo*, las obras publicadas con el título de *Historia de la literatura española* y aquellas otras editadas con el mismo título pero, esta vez, cambiando *española* por *vasca*, *gallega* o *catalana*, quedará clara la afirmación con la que iniciamos este párrafo. Afirmación que afecta, sobre todo, al período 1939-1978 (véase la bibliografía sobre historiografía al final de este artículo). En este sentido y a modo de ejemplo, es esclarecedor el panorama que Antoni Carbonell *et al.* esbozan sobre la precaria situación en que se encontraban los estudios de historiografía y la crítica literaria catalanas en 1978 como consecuencia de las severas restricciones sufridas en las décadas anteriores. Los autores resumen el pésimo estado de la historiografía y crítica literarias de la siguiente manera:

> [...] no poseemos todavía, en Cataluña, una recopilación general y completa de nuestra literatura [...] quien hoy se proponga construir una historia de la literatura catalana, encontrará algunos precedentes fundamentales, de orientación fiable y valor indiscutible, pero también un mar de escollos, problemas irresueltos y cuestiones todavía turbias. (1979: 5)

Sin muchas complicaciones y quizá sólo con algunas diferencias de matiz, lo dicho para la literatura catalana sirve y puede aplicarse a las literaturas vasca y gallega.

Sin embargo, aquella imagen de una España monocultural y monolingüe, el estereotipo de un país de guitarra y pandereta que el franquismo se ocupó de conformar es ya una imagen borrosa y vaga que descansa en la memoria del tiempo. Los cambios que han tenido lugar dentro de la sociedad española desde 1975, el reconocimiento explícito y la aceptación de la esencia plurilingüe del estado español y la creación, más o menos conseguida y con un mayor o menor éxito, de infraestructuras culturales e editoriales, infraestructuras de enseñanza para potenciar las lenguas vasca, gallega y catalana, y el acceso de las mismas a los medios de comunicación de masas han supuesto un resurgimiento, mayor o menor, más o menos intenso, más o menos satisfactorio de las literaturas escritas en dichas lenguas. Este resurgimiento quizá lento, pero de todas formas ineludible, también se refleja en el aumento de la cantidad y diversidad de literatura secundaria, es decir, de obras de crítica e historiografía literarias editadas a partir de, sobre todo, el año 1978 en estas tres lenguas.

El riesgo a pecar de optimismo en todo comentario sobre el desarrollo de estas tres literaturas o la posibilidad de que el tono utilizado parezca en exceso positivo no viene dado tanto por el mejoramiento de la situación que sin lugar a dudas ha tenido lugar, hecho éste que puede, ciertamente, verificarse sin problema alguno, pero sobre todo, por la pésima y precaria posición de la que partían. No obstante y a pesar de constatar dicha mejora, en la actualidad, como avanzábamos arriba, todavía se pueden observar diferencias significativas y muy importantes entre la cantidad total y diversidad de *Historias sobre literatura española* editadas desde 1939 hasta 1998 y la cantidad total y diversidad de *Historias de la literatura* producidas por las otras tres tradiciones durante este mismo período. Sin embargo, conviene recalcar que, una vez reconocida esta diferencia histórica que en la actualidad todavía se mantiene, en los últimos veintitrés años (1975-1998), el discurso crítico e historiográfico literario catalán y vasco sobre todo y el gallego en cierta medida han ido recuperando - paralelamente al desarrollo y crecimiento constatados en las obras de creación - la importancia y el lugar merecidos.

2. *La encuesta*

Quizás sea este proceso de normalización junto al interés y curiosidad que empiezan a observarse desde el interior y el exterior del país por obras y autores vascos, catalanes y gallegos, y el relativo difícil acceso a sus respectivas tradiciones, lo que nos lleva a plantearnos la oportunidad de la pregunta sobre la compatibilidad de ofrecer un panorama diacrónico y comparado de las historias de las literaturas del estado español como complemento de los panoramas existentes ya sobre cada tradición. O formulado de otra manera menos cerrada, averiguar cuál o cuáles son la/s forma/s más adecuada/s de presentar las tradiciones literarias aquí estudiadas. Para encontrar una respuesta a dicha pregunta, hemos creído interesante sondear la opinión de 180 especialistas procedentes de los cuatro dominios lingüísticos sobre este tema. En otras palabras, hemos intentado recabar, mediante una encuesta escrita, las opiniones de una serie de especialistas para averiguar hasta qué punto coinciden o no en sus respuestas e indagar los argumentos ofrecidos por cada uno de ellos y, finalmente, comprobar si existen tendencias y posiciones compartidas o no entre los participantes de esta muestra.

Para conseguir los fines arriba expuestos, se ha redactado un cuestionario con dos preguntas. A continuación ofrecemos una reproducción del mismo y, después, motivaremos las preguntas formuladas y sus objetivos:

1. ¿Podría indicar qué opción u opciones cree que sería/ían la/s forma/s ideal/es de presentar las tradiciones literarias peninsulares?
   1.1. ☐ Una historia de las literaturas peninsulares
   1.2. ☐ Una historia de la literatura para cada tradición
   1.3. ☐ Una historia de la literatura española con sendos capítulos, partes o volúmenes dedicados a las otras literaturas
   1.4. ☐ Una historia de la literatura vasca o catalana o gallega que incluya un capítulo, o una parte o volumen dedicados a la literatura española
   1.5. ☐ Otras, ...

2. ¿Podría explicar la razón o razones que han motivado su elección?

La primera de ellas es una pregunta de elección múltiple en la que los encuestados pueden escoger más de una respuesta de entre las cinco posibles ofrecidas. Las cuatro primeras conforman una escala con dos polos: una historia de la literatura para cada tradición (1.2) o una historia de la literatura que incluya las cuatro tradiciones literarias (1.1). Para cubrir todas las variantes de presentación de las cuatro tradiciones literarias en una obra unitaria se proponen las dos fórmulas presentadas en 1.3 y 1.4. La primera opción común y unitaria de presentar una historia de las literaturas de España (1.1) no distingue, *a priori*, rango entre las cuatro tradiciones. Las opciones 1.3 y 1.4, por lo contrario, sí distinguen entre un tronco central del cual se parte y una periferia que puede ser tenida en cuenta en mayor o menor medida. Esto implica que se reconoce la existencia, *a priori* esta vez, de un rango como criterio de ordenamiento que determina la perspectiva desde la cual se cuenta la historia de una u otra tradición literaria en relación con el resto de tradiciones. Por ejemplo, una hipotética historia de la literatura catalana - donde dice catalana puede leerse española, gallega o vasca - con partes dedicadas a las otras literaturas españolas (europeas o mundiales si se quiere ampliar el espectro), sea ofreciendo un discurso diacrónico paralelo del discurrir de las otras literaturas donde no exista una comparación explícita; sea, precisamente, ofreciendo un discurso diacrónico comparado de dichas tradiciones con la tradición literaria catalana en la que se indiquen las convergencias y divergencias de los distintos géneros, las temáticas tratadas, las poéticas y estéticas formuladas y utilizadas en las obras escritas por los distintos autores procedentes de una y otra tradición a lo largo del tiempo.

Por último y como cierre de la parte cuantitativa del cuestionario se ofrece una opción abierta (1.5.) en la que los participantes que no estén satisfechos con las opciones ofrecidas antes y, por lo tanto, no consideren válido y pertinente el criterio lingüístico como criterio fundamental y determinante, pueden presentar sus opciones.

Como señalábamos arriba, el objetivo de esta parte cuantitativa es fijar, primero, qué o cuáles son las formas más adecuadas de presentar las historias de las tradiciones literarias de España. En segundo lugar, averiguar si el grupo de la muestra considera compatible la coexistencia de más de una forma de presentación de dichas tradiciones. Y, en tercer lugar, indicar hasta qué punto comparten los miembros que forman la muestra una u otra opinión. El objetivo aquí es determinar por cómputo simple, cuál de las cinco opciones es la que ha recibido más aceptación y cuáles menos entre los encuestados.

La segunda pregunta de este cuestionario es una pregunta abierta y con ella se intenta recopilar los argumentos que los encuestados ofrecen como explicación de la elección realizada anteriormente.

3. *Método de análisis*

Se cuantifican y analizan las respuestas dadas a la primera pregunta del cuestionario y se calculan los porcentajes obtenidos en cada opción. Mediante una matriz se presentan los resultados clasificados según tipo de respuesta y procedencia geográfica de la universidad - léase también departamento - a la que los encuestados están asociados. De esta manera se podrá observar si existe una correlación o no entre el lugar de procedencia y el tipo de respuesta escogida.

La segunda pregunta, la parte cualitativa del cuestionario, se ofrece en su totalidad. Se transcriben todos los argumentos dados por los encuestados que se ofrecen ordenados y agrupados según la respuesta ofrecida a la primera pregunta. En caso de que uno o más encuestados hayan optado por dos o más opciones, aparecerán incluidos en el grupo que se corresponde con la opción que este o estos encuestados hayan dado como primera. Eso sí, siempre se indicará, al principio de su argumentación, la otra u otras opciones también nombradas.

4. La muestra, el nivel de participación y la toma de la encuesta

La muestra realizada es una muestra estratificada y seleccionada de miembros (a excepción de un participante) de los departamentos de filologías española, catalana, gallega y vasca de 26 universidades del estado (ver lista con relación de universidades al final de este artículo), más dos participantes procedentes de una universidad norteamericana (especialista en literatura catalana) y una universidad inglesa (especialista en literatura española). La población encuestada la componen, como se indicó antes, 180 especialistas, de los cuales 38 dieron respuesta y participaron en la encuesta, lo que representa un 21,7 por ciento de la población encuestada. Dado que la muestra y la población encuestadas no representan cuantitativamente el universo total de especialistas en las cuatro literaturas, los resultados conseguidos y las conclusiones sólo podrán aplicarse a la población encuestada. No obstante y hasta que no se demuestre lo contrario, la cualidad y representatividad de los encuestados permiten establecer tendencias sobre el resto de la población objeto de estudio.

La composición de la muestra queda establecida de la siguiente forma: de las 54 universidades existentes en España han sido elegidas 26 que, distribuidas según dominio lingüístico en el que están sitas, dan: 8 universidades catalanas (hay 13) con 56 personas encuestadas, 1 vasca (hay 2) con 13 personas encuestadas, tres gallegas (hay 3) con 40 personas encuestadas y 14 en el dominio de habla castellana (existen 36) con 73 personas encuestadas. Mediante esta distribución se ha intentado conseguir que la muestra sea equitativa y representativa. Los 180 participantes recibieron el cuestionario impreso por correo ordinario o en su forma electrónica (e-mail) durante los años 1996-1998. La participación obtenida del 21,7 por ciento queda distribuida de la siguiente manera: se han recibido 13 cuestionarios procedentes de miembros de departamentos pertenecientes a universidades catalanas, de las Islas Baleares, alicantinas y valencianas; 13 cuestionarios procedentes de miembros de departamentos pertenecientes a universidades del dominio lingüístico castellano, 1 cuestionario procedente del departamento de filología vasca de la Universidad del País Vasco, 9 cuestionarios procedentes de miembros de los departamentos de las tres universidades gallegas y, por último, dos cuestionarios procedentes de miembros asociados a departamentos de universidades extranjeras.

los autores y obras de los distintos períodos catalanes, y obras y autores occitanos, franceses, ingleses, italianos, americanos, por nombrar algunos, de estos mismos períodos o, precisamente, de otros períodos. En tercer lugar aparece la opción "1.5. Otras" nombrada en nueve ocasiones, lo que representa un 19,7 por ciento de la muestra. La variedad de las respuestas/propuestas pueden ordenarse a partir de un mismo denominador: "se orientan hacia una superación de los modelos histórico-literarios tradicionales", como indica Antonio Chicharro Chamorro. El conjunto de propuestas nombradas oscila entre la presentación de una historia que, según E. Bou, parta de "una visión *comapartista* sistemática (ver los trabajos de Even-Zohar, Claudio Guillén, Iuri Lotman)" y aquellas otras que optan por ordenar el discurso diacrónico a partir de criterios como el de los géneros y temas literarios (Castells y López Estrada). O discursos diacrónicos en que se incluyan fenómenos históricos, sociales o editoriales transversales a todas las lenguas del ámbito hispánico (Mainer) o estudios histórico-sociosemióticos de las prácticas multiculturales literarias en España (Chicharro Chamorro).

Las opciones 1.3 y 1.4. son las menos consideradas por los encuestados, respectivamente sólo son escogidas por 3 participantes (un 6,4%) y por uno (un 2%).

Si se analizan los resultados teniendo en cuenta el dominio lingüístico del que proceden las respuestas observaremos que en los cuatro dominios la opción 1.1. es la más nombrada por los encuestados. Tanto en el dominio catalán como en el gallego la opción 1.2. ocupa el segundo lugar de cerca y puntúan, respectivamente, cinco y cuatro. Esta opción tiene menos partidarios en el dominio lingüístico castellano. Los tres encuestados que han decidido inclinarse por la opción 1.2. indican que lo hacen por ser, en su opinión, la opción menos complicada y por reproducir una realidad dada: cada lengua tiene una tradición literaria y ésta, a su vez, una historia. Además, también indican que es la opción que menos problemas extra-literarios acarrea. En este grupo la opción 1.1 supera de forma más evidente la opción 1.2. Además, también en este mismo grupo de encuestados es donde observamos la mayor cantidad de respuestas (4) que ponen en cuestión la validez de ciertos principios y criterios de ordenamiento del discurso histórico, entre otros, se nombra la inoperancia del concepto de nación aplicado *strictu sensu* para explicar y acotar un conjunto de obras producidas en un lugar y tiempo determinados.

En la siguiente tabla pueden observarse los resultados ordenados según pregunta y dominio lingüístico del que proceden las respuestas. Entre corchetes se indica la cantidad de veces que una opción ha sido escogida en segundo lugar por parte de algunos encuestados. De ahí que los resultados y porcentajes contabilizados partan de un total de 46, en vez de los 38 encuestados iniciales. En la última columna se ofrecen dichos resultados totales y los porcentajes conseguidos por cada opción.

5. Descripción y análisis de los resultados

Antes de nada, una cuestión de terminología. Cierto es, como han señalado varios participantes, que la expresión "literaturas peninsulares" - que parte del criterio geográfico como criterio determinante - es vaga e incluso inapropiada por excluir explícitamente lo insular (los dos archipiélagos, el Balear y el Canario) y las colonias (Ceuta y Melilla), y por obliterar implícitamente la literatura portuguesa. Su uso en la encuesta se debió a que en su momento nos pareció una de las formas menos marcadas ideológicamente dentro del abanico de posibilidades existentes. A pesar de la inexactitud del término, todos los encuestados llenaron el hiato semántico de dicho término de la misma forma y no hubo malentendidos al respecto, con lo cual no se invalida la encuesta. Así, pues, dónde se leyó "literaturas peninsulares", se leyó correctamente y se lee "literaturas de España". Sirva este breve comentario para enderezar el entuerto y esclarecer dudas sin que ello vaya en menoscabo de otras soluciones sobre esta cuestión.

Una mayoría de los encuestados (21 participantes, lo que representa un 47,8 por ciento) considera y acepta viable y compatible una historia conjunta y comparada de las literaturas peninsulares, léase, de las literaturas española, catalana, vasca y gallega. A su vez, una parte importante de los encuestados señala aquí y en su discurso de argumentación que dan por supuesto que esta opción implica la existencia de sendas historias de la literatura para las cuatro tradiciones como, de hecho, ocurre en la realidad (véase bibliografía al final de este artículo). De lo que se desprende que la mayoría de los encuestados asume esta opción como una solución inclusiva: no hay una historia comparada y compartida sin las otras historias propias y particulares.

La opción "1.2. Una historia de la literatura para cada tradición" ocupa el segundo lugar y 12 participantes han optado por ella (el 26 por ciento). Aquí también observamos algo parecido a lo acaecido en la opción mayoritaria aunque el acento se ha puesto en otro lugar. Una parte importante de los encuestados afirma en su discurso de argumentación que de una u otra manera podría darse noticia de las relaciones entre una literatura y las otras. Y entender la literatura de un dominio lingüístico determinado no como un islote aislado, sino como parte de un marco más amplio como, por ejemplo, el de la tradición literaria occidental, pero siempre desde el punto de partida y la perspectiva que supone la literatura perteneciente a un dominio lingüístico determinado: "una lengua, una literatura, una historia" como tríada que refleja una realidad dada en cada dominio de coherencia lingüística del estado español. Aplicado a la literatura catalana, por ejemplo, una historia de esta misma literatura puede tener en cuenta, entre otras variables diacrónicas, aquella que informe sobre el desarrollo de las influencias e interrelaciones entre

Dominio lingüístico						
	Catalán (n=13)	Castellano (n=13)	Vasco (n=1)	Gallego (n=9)	Otros (n=2)	Total (n=38) 46
1.1	7	6	1	5 + [1]	1	21 (47,8%)
1.2	4 + [1]	2 + [1]		3 + [1]		12 (26%)
1.3	1	1 + [1]				3 (6,4%)
1.4	[1]					1 (2%)
1.5	1 + [2]	4		1	1	9 (19,7%)

6. *Conclusiones*

Atendiendo a las respuestas dadas por los participantes cabe afirmar que existe un consenso bastante evidente y que, por lo tanto, es aceptable y viable la oportunidad de la realización de una historia comparada de las cuatro tradiciones literarias españolas como complemento de las historias particulares de cada tradición hoy existentes. No obstante, es preciso indicar, y no sólo desde los encuestados que han ofrecido otras opciones (1.5), que han sido cuestionados algunos principios básicos y aspectos metodológicos del método histórico diacrónico. La disposición de un discurso histórico que sólo tenga en cuenta la mera sucesión cronológica de obras, autores y corrientes se considera como obsoleto y no completo. Los encuestados indican que deberían tenerse en cuenta otras variables, además de la mera sucesión temporal, para ordenar y disponer ese discurso histórico comparado. Junto a la más tradicional y usada de los períodos literarios, se nombran variables como el estudio de los géneros, los temas, las obras por períodos y en interrelación con otros factores socio-literarios como la difusión y recepción de esas mismas obras literarias.

Hechas estas apuntaciones, sólo queda por añadir que la empresa "una historia de historias comparada de las literaturas españolas" es una opción interesante que además puede facilitar la divulgación y la recepción, tanto en el país mismo como en el exterior, de las interrelaciones de dichas literaturas. Pues, al fin y al cabo son estas literaturas lo que importan.

7. *Las respuestas a la encuesta de cada uno de los participantes agrupadas según solución escogida. En caso de que el encuestado haya escogido dos o más posibilidades, ello se indica al principio de su argumentación-respuesta.*

1.1. *Una historia de las literaturas peninsulares*

1   Enrique Miralles
    Universitat de Barcelona

Las posibles alternativas que contempla la pregunta de hecho se reducen a dos: si historiar por separado cada una de las literaturas peninsulares (incluyendo en ellas la castellano/española) o abordarlas de una manera integral, como movimientos que se enraízan en un tronco común. El dilema incide en el núcleo de una cuestión que reclama una respuesta metodológica, sobre bases científicas, pero con fuertes connotaciones de carácter político. En el primer caso, la base pertinente que dicta la diferenciación sería de orden lingüístico: existe una literatura gallega, vasca, etc., con vigencia propia e independiente y con una caudal más o menos rico que cohabita con la castellana en un espacio histórico y geográfico común - la Península - a través de los siglos. En el segundo caso, el factor lingüístico no es el exclusivo, sino el cultural, que se constituye como común denominador imposible de soslayar.

En mi opinión, esta última alternativa es la metodológicamente más correcta para el estudio de la historiografía literaria peninsular por varias razones: 1) Más de un cincuenta por ciento de los escritores representativos de las áreas literarias periféricas son bilingües (ahora no importan las razones, bastante complejas); no cabría su duplicación (Francesc/Francisco), por igual razón que la del poeta/prosista. 2) Un buen número de textos, o son bilingües o se ofrecen traducidos por el propio autor. 3) Los temas, en cualquiera de las expresiones lingüístico-literarias que se presentan, obedecen a una problemática histórica común (social, cultural, política, etc.) española.

Frente a esta opción de un estudio integral, en el que la base son los autores y su entorno cultural, la contraria, de historias literarias separables y/o independientes, resulta restrictiva, a efectos de un completo conocimiento del fenómeno literario en el contexto español. Esta propuesta no entra en contradicción con la necesidad paralela de historiar marcos específicos, sea por criterios lingüísticos, por géneros (una historia del teatro) o por cualquier otro.

2 Carmen Herrero
   Manchester Metropolitan University

Considero que la forma ideal de presentar las tradiciones literarias peninsulares es una historia conjunta de las mismas. Desde mi punto de vista, este modelo constituye el mejor medio de ofrecer una visión global que resulta absolutamente necesaria para analizar la evolución de la literatura. Evidentemente, por razones formales y pedagógicas, se debe dividir este trabajo en varios volúmenes que corresponderían a cada tradición (vasca, catalana, gallega y castellana) equiparando todas al mismo nivel, pero siempre estableciendo las conexiones que permitan comprender el desarrollo de las literaturas peninsulares en su conjunto.

Con las otras posibilidades que se plantean en la encuesta, se puede caer en la tendencia a disgregar la información y perder la perspectiva unitaria (de época y tradición) que considero esencial en la historiografía literaria.

3 Isabel Paraíso
   Universidad de Valladolid

Considero que la literatura en lengua española es la más nutrida en autores y obras, pero las demás literaturas de la nación española en otras lenguas también merecen su propia consideración y estudio.

4 Santiago Fortuño Llorens
   Universitat Jaume I

Creo que las distintas literaturas peninsulares o tradiciones literarias (castellana, vasca, catalana y gallega) se pueden presentar en simultaneidad a través de su devenir histórico, sin excluir otras opciones híbridas apuntadas en esta encuesta. Las épocas y tendencias literarias, los temas, los géneros y tópicos literarios, con sus autores más representativos, pueden ser algunos criterios de clasificación de esta Historia Literaria.

A estas distintas literaturas peninsulares (vasca, gallega, castellana y catalana), con variedad idiomática en algunos supuestos, les influyen los mismos condicionamientos extraliterarios (ideológicos, sociológicos, histórico-políticos...). Incluso un mismo escritor, y de ello hay significativos ejemplos, emplea más de una lengua en su creación literaria.

Añádese a ello, en una consideración más amplia, que la cosmovisión y las influencias externas en una tradición literaria, en un momento determinados (la catalana, pongamos por caso), no difieren de manera esencial de las incorporadas por las otras. Sin dejar de destacar las mutuas conexiones artísticas y extra-artísticas que favorecen este comparativismo literario.

La variedad lingüística en el tratamiento de los temas por parte de distintas tradiciones literarias no empece que la literariedad se conforme con elementos de naturaleza literaria que manifiesten sus peculiaridades lingüísticas y por consiguiente, su adscripción a una determinada literatura o tradición literaria peninsular.

5   Manuel Pérez Saldanya
    Universitat de València

Todas las opciones que se plantean presentan ciertas ventajas e inconvenientes. A pesar de todo, creo que la opción más coherente es la primera. Si se tienen en cuenta criterios estrictamente literarios, es evidente que las literaturas peninsulares (incluida la portuguesa, o mejor, la gallego-portuguesa) han mantenido una estrecha relación durante muchas etapas y han recibido influencias mutuas: en el caso de la literatura catalana esta influencia se ha producido desde la literatura catalana a la castellana (Ausiàs March, Tirant lo Blanc) y, al revés, desde la castellana a la catalana (barroco, etc.). Por otra parte, si se adoptan criterios extraliterarios, parece también necesario que, en un estado plurilingüe como el español, todas las literaturas peninsulares tengan una consideración semejante y sean fácilmente accesibles para todos.

Esta opción, sin embargo, no debería entenderse en un sentido restrictivo y no debería impedir que las literaturas peninsulares se relacionaran con otras tradiciones no peninsulares con las que a veces han establecido relaciones estrechísimas (por ejemplo, la relación entre la literatura catalana y la occitana tan importante durante la Edad Media y la Renaixença).

6   Jon Kortazar
    Universidad del País Vasco

Cada tradición tiene sus características peculiares, pero existe gran cantidad de cruces entre ellas. Los diversos movimientos que ha ido surgiendo en la literatura española tienen también diversos reflejos en el resto de las tradiciones. Convendría hacer una historia unitaria, pero que tuviera en consideración la autonomía de las diversas tradiciones.

7   Isidor Cònsul
    Universidad de Vic
    [y 1.2.]

Son cuatro literaturas, tres de las cuales tienen una tradición histórica importante desde la época medieval hasta hoy mismo. Creo, por esta razón, que la opción debe ser doble: una historia de las literaturas peninsulares, con toda la gama de relaciones que sea necesaria, un ejercicio de literatura comparada, y, por otro lado, una historia de la literatura para cada una de las cuatro tradiciones.

8 Jordi Llovet
   Universitat de Barcelona

Las literaturas que se han producido en las distintas lenguas habladas en la Península - o en España, para ser más exactos - poseen entre sí suficientes elementos comunes y acusan influencias suficientemente parecidas (de la literatura francesa, inglesa, alemana, etc.) como para que sean estudiadas conjuntamente.

Es posible que, en algún estudio, hubiera que separar, por capítulos independientes, la literatura catalana, la gallega y, sobre todo, la vasca, en función de aquello que las caracteriza de un modo especial. Pero lo importante, desde el punto del concepto, es partir de la idea de que, por lo menos todas las literaturas españolas escritas en lenguas románicas, poseen aquellos puntos comunes aludidos.

Es decir: el estudio debería organizarse a partir, *precisamente*, del conflicto o de las determinaciones críticas que supone el hecho de que, en un solo país - o Estado, como se quiera - se hayan dado expresiones literarias distintas en cuanto al substrato lingüístico, pero próximas por lo que se refiere a sus contenidos, mitos, géneros, formas, influencias, etc.

9 Darío Villanueva
   Universidad de Santiago de Compostela

Creo que el marco metodológico de este tipo de trabajo nos lo proporciona la Literatura comparada, y en especial una de sus líneas: la historia comparativa de las literaturas.

Desde esta perspectiva, la única diferencia entre la Literatura francesa y, por ejemplo, la Literatura gallega en relación con la española es que estas dos últimas pertenecen a un mismo Estado, lo que a lo largo de la Historia ha producido unas relaciones entre ambas especialmente intensas e incluso conflictivas. Es cierto que en estas relaciones ha operado la dialéctica del dominio, pero esto ocurre también entre literaturas de Estados diferentes, una de las cuales en un momento determinado pudo haber sido central y periféricas las otras.

El criterio determinante a este respecto es, lógicamente, el lingüístico. Con esta diferencia fundamental, las literaturas europeas, al margen del estatuto político de la nación o región a que pertenecen genuinamente, comparten una misma tradición greco-latina, experimentan similares influencias externas, abordan temas comunes junto a otros - los menos - que les son específicos, y participan de similares ciclos, estilos, movimientos o "ismos". Todos esto constituye el programa de trabajo de la Literatura comparada.

10 Carlos de la Rica (†)
   Miembro de la Real Academia Conquense

En un todo puede verse la evolución de la cultura española de la que forman parte cada una de las lenguas peninsulares. Incluso podría incluirse la literatura portuguesa.

11 Luis Miguel Fernández
   Universidad de Santiago de Compostela

Creo que se debe tender hacia la superación de una literatura nacional unilingüe si partimos del hecho de que la especificidad de la obra literaria no nace de sus propiedades lingüísticas, pues éstas las comparte con textos de naturaleza variada, sino más bien de su uso social, de su carácter relacional con otros textos y con un contexto en el que es preciso destacar unas formas de producción, mediación, recepción y recreación que van más allá de lo estrictamente nacional o regional. Además se ha de tener presente que, referido a varios periodos de las diversas literaturas peninsulares, el concepto de literatura nacional en cualquiera de sus variantes lingüísticas (castellano, catalán, gallego) es históricamente insuficiente e inexacto. No obstante, ello podría chocar con la necesaria defensa de la propia identidad de aquellas culturas que dentro de España son minoritarias, con el consiguiente riesgo de un cierto imperialismo literario que impidiese la expresión concreta y particularizada de dicha identidad. Me inclino, pues, por una historia de las literaturas peninsulares que combine la larga y corta duración, de forma que al interrelacionar la historia de los géneros y de los diversos modos de producción, mediación, recepción y recreación, se observen las conexiones y diferencias entre aquéllas de manera integrada y sin que tengan que figurar en partes o volúmenes distintos y autónomos. Sería necesario, asimismo, utilizar esquemas y gráficos que diesen cuenta de esa red de relaciones entre los diferentes sistemas y tradiciones literarias, como modo de garantizar un discurso más neutral y no jerarquizado de unas literaturas con respecto a otras.

12 Arturo Casas
   Universidad de Santiago de Compostela
   [y 1.2.]

Entiendo irrenunciable el derecho de cada cultura a conocerse y darse a conocer. En función de ello, me parece no sólo legítimo sino imprescindible que cada literatura sea investigada en su curso histórico como un sistema cultural relativamente autónomo, con sus propios desarrollos, problemas, ritmos, pautas periodológicas..., no siempre concordantes con los de otros sistemas próximos en el marco estatal, peninsular o continental. En ese sentido, es claro que deben existir historias de cada una de las literaturas peninsulares. Y de hecho no parece que sus usuarios más habituales estén dispuestos a prescindir de ellas, se trate de estudiantes o de investigadores, procedentes o no del marco nacional y lingüístico asociado.

Otra cosa es que esto legitime opciones historiográficas enclaustradas en un seguimiento exclusivista del área lingüístico-cultural acotada. Opción que juzgo falsificadora y, por supuesto, nociva. Siempre es bueno establecer comparaciones periodológicas que cuando menos revelen en qué medida los desarrollos estudiados se corresponden con las tendencias generales de un marco geográfico-cultural más amplio.

La idea de una *Historia de las literaturas peninsulares* me parece atractiva, y estoy seguro de que en general sería bien acogida como un complemento de las historias particulares, al menos por aquellas personas que compartan la comprensión de España como una realidad histórica efectiva y como un Estado plurinacional. Y es que el asunto planteado de las "formas ideales de presentar las tradiciones literarias peninsulares" es en última instancia un problema de *públicos*, de *destinatarios*.

Es probable que el proyecto acabase teniendo enfrente (lo cual en términos de comunicación significa que "no les interesaría") a los numantinistas de diversa especie que habitan las cuatro esquinas y el centro - acaso, *sobre todo* el centro, y no estrictamente en un sentido geográfico - de la península. También a quienes valorasen como arbitraria la fijación de ese límite *peninsular*, interpretando, por ejemplo, que se podría encontrar mayor vinculación entre la literatura catalana y francesa que entre aquella y la vasca; o entre la portuguesa y la gallega que entre ésta y la catalana, etc. (y aquí acaso asomase también una perspectiva de raíz política tanto como cultural). A estos últimos no les faltaría algo de razón, por lo que uno de los mayores escollos de aquella *HLP* sería el de solventar ese escollo y otros parecidos, relativos casi siempre a los *engarces* entre los cuatro sistemas literarios. Señalaré por último que sería reprobable la tentación de disfrazar la solución 1.3. camuflándola de 1.1. a través del expediente de entreverar magras referencias a lo periférico en una ordenación focalizada abusivamente desde el centro, esto es, desde la literatura de expresión castellana.

13 Ángel L. Prieto de Paula
   Universidad de Alicante

Elijo la opción 1.1. con algunas vacilaciones, que tienen que ver sobre todo con su distinto grado de pertinencia según la época de que se trate.

Así, la literatura medieval no es, a mi juicio, historiable si no se hace de manera interconectada y globalizadora, dada la ósmosis cultural existente entre las diversas literatura peninsulares que, en muy buena medida, tienen amplias zonas de solapamiento entre sí. En este caso concreto, pues, la opción 1.1. me parece absolutamente apropiada. Esta compacidad se atenúa mucho en otros momentos, en los que, aunque haya un denominador común propiciado por los rasgos de la época, existen también especificidades en cada una de las literaturas peninsulares, debidas a la lengua y al diálogo - o ausencia de él - con las otras lenguas y literaturas. En este segundo caso, la opción 1.1. debería atender con alguna autonomía a cada una de las literaturas peninsulares, siempre desde ese espíritu armonizador en el que coexiste la noción de discurso cultural esencialmente homogéneo con la de pluralidad en que cada literatura no diluya sus particularidades en el magma colectivo. Esta opción es, pues, problemática, y acaso no satisfaga a nadie totalmente; pero me parece preferible a las restantes, que pecan contra la conexión existente entre unas y otras literaturas (1.2.); suponen una jerarquización cualitativa implícita (1.3.) o atentan contra la lógica (1.4.).

14 Álvaro Ruiz de la Peña Solar
Universidad de Oviedo

¿Por qué tipo de razones? Pues no tanto porque las demás me parezcan parceladas en exceso (desde luego, una historia de cada literatura o cada tradición literaria sólo tendría interés en el ámbito territorial en la que ella se ha podido producir; una historia de la literatura española con capítulos destinados a las restantes, reincide en una mentalidad historiográfica diglósica que me parece superada; una historia de cada una de esas literaturas no castellanas que incluyera un volumen dedicado a la española carecería de justificación teórica); no tanto por esa parcelación, repito, sino más bien por las propias bondades que promete un planteamiento único de las literaturas peninsulares, vistas desde la perspectiva de sus interrelaciones históricas (culturales, sociales, estéticas, etc.). Ello permitiría, además, advertir las peculiaridades propias de cada tradición literaria, las desviaciones que cada literatura peninsular puede presentar con respecto al canon nacional imperante, y otros elementos de análisis igualmente fecundos.

Echo de menos, en esta visión global de las literaturas hispánicas, la presencia de la literatura asturiana (escrita en asturiano/bable), que presenta un corpus de obras y autores que se remonta al siglo XVIII y ha tenido una continuidad constante en los siglos siguientes (Ilustración, Romanticismo, Regionalismo Costumbrista, Modernismo, etc.) Hasta nuestros días, en los que florece con gran vigor.

15 Antonio Jiménez Millán
Universidad de Málaga
[y 1.2.]

Considero que las opciones 1.1. y 1.2. son complementarias. De hecho, ya existen (sobre todo la 1.2.) e incluso algunas de ellas son referencias indispensables: Riquer y Comas, para la literatura catalana; Carballo Calero, para la literatura gallega; Jon Kortazar, para la literatura vasca, por indicar tres ejemplos. La opción 1.3. parece viable, pero el resultado sería una obra de extensión desmesurada, si no se limita a simples esquemas divulgativos. No así la 1.4., y basta con poner algunos ejemplos: ¿es Valle-Inclán parte de la literatura gallega? ¿o Jaime Gil de Biedma, de la catalana? Pienso que el factor idiomático resulta, aquí, determinante. Fue el criterio que seguí al elaborar tanto la edición de *Poesía catalana contemporánea* (1993) y *Poesía gallega contemporánea* (1996, en colaboración con Luciano Rodríguez). Para mí, la opción ideal sería la de 1.1.: una historia de las literaturas peninsulares de expresión no castellana, en la que se establecieran las relaciones entre ellas y las que existen con la literatura española.

16 Santiago Fortuño Llorens
Universitat Jaume I - Castelló

Creo que las distintas literaturas peninsulares o tradiciones literarias (castellana, vasca, catalana y gallega) se pueden presentar en simultaneidad a través de su devenir histórico, sin excluir otras opciones híbridas apuntadas en esta encuesta. Las épocas y tendencias literarias, los temas, los géneros y tópicos literarios, con sus autores más representativos, pueden ser algunos criterios de clasificación de esta Historia Literaria.

A estas distintas literaturas peninsulares (vasca, gallega, castellana y catalana), con variedad idiomática en algunos supuestos, les influyen los mismos condicionamientos extraliterarios (ideológicos, sociológicos, histórico-políticos...). Incluso un mismo escritor, y de ello hay significativos ejemplos, emplea más de una lengua en su creación literaria.

Añádase a ello, en una consideración más amplia, que la cosmovisión y las influencias externas en una tradición literaria, en un momento determinado (la catalana, pongamos por caso) no difieren de manera esencial de las incorporadas por las otras. Sin dejar de destacar las mutuas conexiones artísticas y extra-artísticas que favorecen este comparativismo literario.

La variedad lingüística en el tratamiento de temas por parte de escritores de distintas tradiciones literarias no empece que la literariedad se conforme con elementos de naturaleza literaria que manifiesten sus peculiaridades lingüísticas y, por consiguiente, su adscripción a una determinada literatura o tradición literaria peninsular.

17 Mercedes Brea López
Universidad de Santiago de Compostela

Mi campo de trabajo es la literatura medieval, y, para esos siglos, es tremendamente difícil separar las distintas tradiciones peninsulares (y casi extra-peninsulares también). Por otra parte, lo que hoy entendemos por "Espanna" no existe hasta los Reyes Católicos, por lo que difícilmente se podría trazar antes una historia de la "literatura espannola".

No sé si sería posible un sistema mixto que, a partir del siglo XVI, diferenciase las tradiciones "lingüísticas" distintas, pero, desde luego, hasta finales del XV debería ser conjunta.

18 Javier Medina López
Universidad de la Laguna Tenerife

Creo que como punto de partida habría que distinguir dos posicionamientos. Si lo que se quiere es una historia de la literatura española (global), y por tanto en lengua española, debe contarse con la literatura que se escribe en español desde las comunidades bilingües españolas (Galicia, País Vasco y Cataluña). De esa forma incluiríamos aquellos autores que, aún habiendo nacido o desarrollado su actividad literaria en esas Comunidades Autónomas, escriben desde las mismas. Puede que, en estos casos, haya que recalcar algún aspecto regionalista en esa tradición literaria -si es que los hubiera-, pues de lo contrario estaríamos ante una manifestación más de la literatura hispánica. En este sentido, pues, estaría más de acuerdo con el punto 1.3. de su encuesta: una historia global que incluyera capítulos o apartados especiales a lo ya señalado.

Pero, por otro lado, también creo en caso de que el elemento regional o diferencial (término tan frecuente ahora en España para referirse a las comunidades autónomas) sea verdaderamente importante y esté presente en la producción literaria, sería interesante el punto 1.1. Es decir, dedicar monografías a las literaturas regionales. Esta perspectiva, sin duda, agradaría mucho a los nacionalistas, aunque yo no la comparto del todo.

Es obvio que escribir en catalán, gallego o vasco (las únicas lenguas cooficiales, junto con el castellano en las comunidades respectivas) merecen, sin duda, un tratamiento aparte, pues no se trata de literatura española, sino, en todo caso, románica (exceptuando el vasco).

También considero que la opinión sobre esta encuesta debe estar sujeta a los condicionamientos económicos y la disponibilidad de llevar a cabo un proyecto -interesante sin duda- editorial de este tipo. Parcelar y hacer monografías es mucho más caro (aunque más globalizador para aquellas regiones que lo merezcan), pero por otro lado las monografías "totales" son prácticas, pues se maneja un único volumen y todo está más a mano.

19 Carlos Brito
Universidad de la Laguna Tenerife

Sobre la conveniencia de estructurar una historia de la literatura española en sus diversas "circunscripciones autonómicas" o "regionales", como ya apuntarón en su día J.M. Rozas y M. A. Pérez Priego (F. Rico, Historia y crítica, vol. III, 1983, pág. 637), que, a pesar de su simplificación, sigue siendo un criterio operativo. No obstante, la opción de una historia de la literatura española (vasca, catalana, gallega...) no sólo se remitiría a las tradiciones con lengua literaria propia independientes del castellano, sino también a aquellas tradiciones "regionales" con una identidad cultural diferenciada (Canarias, Andalucía) pero escritas en lengua castellana. La organización del material deberá simultanear (nunca aislar) los procesos creativos de cada tradición desde sus inicios hasta la actualidad, a fin de cotejar y ofrecer una visión paralela y rica de sugerencias históricas y variantes geográficas; por ejemplo: Siglo de Oro (literatura catalana, andaluza, canaria, vasca, gallega...) en el mismo volumen y no en tomos diferentes: la creación y la invención literaria es plural y sincrónica; en la mostración de una historia general no escindida sino convergente en la generalidad de los procesos paralelos (respetando y cuidando las tradiciones individuales) encontraremos la especificidad y la generosa variedad de sus matices coincidentes o divergentes.

20 Luciano Rodríguez
Universidade da Coruña

¿Las razones? Si de lo que se trata es de establecer un diálogo entre tradiciones literarias lo lógico es que se parta del principio de igualdad y respeto mutuo. Esto implica que cada expresión literaria - gallega, castellana, catalana o vasca - tiene unas características peculiares, pero en muchos momentos convergen o divergen según la situación, el momento, la pulsión ideológica, la realidad social de conflicto o convivencia.

Creo que la tendencia dominante en los últimos veinte años camina hacia un diálogo más o menos abierto entre tradiciones, tendencias, temáticas... Y todo esto supone que se empieza a reconocer las particularidades de cada expresión literaria y que se respetan y acatan.

Entiendo que toda literatura se expresa en una lengua y por lo tanto es una manifestación de una particularidad, una manera de ver el mundo, de plantear y solucionar problemas, individuales o colectivos; es, en definitiva, una ventana desde la que visionamos el espectáculo y en ningún momento nos es indiferente el contemplarlo desde esta ventana o desde otra(s). Así, pues, esa ventana que es metáfora de visión contribuye (o debe contribuir) a ampliar la metáfora universal.

Por eso considero que la mejor manera de hacer que el diálogo se incremente y que las actitudes de respeto, comprensión, aceptación de las peculiaridades de cada expresión literaria y demás elementos que podamos considerar al historiar el fenómeno literario deben tenerse siempre en cuenta. Además, el hecho de que un equipo plural y coordinado por una comunidad de intereses pudiera dialogar abiertamente sería la forma más positiva de presentar la manifestación literaria peninsular.

1.2. *Una historia para cada tradición*

21 Josep Maria Domingo Clua
   Universitat de Barcelona
   [y 1.4. / 1.5.]

Importará discernir en primer lugar cuál es el objeto de la "historia literaria".

a) [1.2.] Si en efecto se trata de un asunto de "tradición literaria", el hilo que básicamente importará seguir será el de una tradición textual, la "literaria", sostenida en unos usos específicos del lenguaje. En este supuesto (el supuesto de un "talento individual" ante una "tradición") queda justificado el criterio lingüístico, que sin duda resulta el más razonable para abordar a Carner, al Pla de *Coses vistes* o de *El quadern gris*, a Gimferrer o a Monzó. En definitiva, el modelo atendido (y sancionado) por los más célebres artefactos historiográficos desde Tubino a Riquer, Comas i Molas o a Rico.

b) [1.4. (¿1.5.?)] En cambio, si la "historia literaria" toma por objeto el espacio social en que se producen unas determinadas prácticas de producción, recepción e interacción "simbólicas", habrá que definir un marco local, por ejemplo el catalán, dentro del cual se tomen en consideración todo tipo de discursos (literarios y no literarios) socialmente efectivos - en el caso del catalán, y en cuanto al código lingüístico, el de expresión catalana, y el de expresión española, y el occitana, y el de la latina, y el de la italiana, etc. Y aquí tienen un lugar Aribau y Piferrer, Bartrina y Verdaguer, Yxart, Ignacio Agustí y Pedrolo, el Pla de los primeros volúmenes de la segunda *Obra completa* y el Pla mercenario de [la revista] "Destino", la investigadora Carme Riera y la narradora Carme Riera, Porcel, Marsé...

22 H. González Fernández
Universitat de Barcelona
[y 1.5.]

Yo pienso que hay que elaborar una historia para cada sistema literario porque cada tradición literaria mantiene un diálogo con su propia realidad y con su manera de verla (que no es exactamente igual en todas las tradiciones, especialmente en cuestiones como la identidad o la diferenciación con respecto a las sociedades más cercanas), y al mismo tiempo establece un diálogo especialmente fuerte con su propia tradición. Aún así esta perspectiva se vería muy enriquecida con algunos trabajos comparativos, que serían igualmente interesantes para ver si reaccionan a la par o de manera diferente cuatro sistemas literarios que comparten historia, condicionamientos políticos, económicos, sociales... Por ejemplo:

* cuestiones históricas, como los siglos oscuros, el renacimiento literario del XIX y la forja de la identidad nacional en el caso de las literaturas minorizadas (sic.) (incluso, salvando las distancias, comparando la visión que la literatura da de la forja de España en el Renacimiento y en las literaturas periféricas del XIX);
* la aparición y significación de los distintos géneros literarios en cada tradición; dependencia e independencia de la literatura gallega, vasca y catalana frente a la literatura española;
* revisión de la historia (e incluso elaboración mítica de una nueva) a través de la literatura;
* el conservadurismo o la vanguardia de estos sistemas literarios frente a la literaturas más modernas hechas en Occidente...

Yo, por mi propia experiencia investigadora y docente, me he encontrado muy a menudo con la cuestión de los géneros literarios en la poesía (un género omnipresente en la literatura gallega), y sobre esta misma cuestión, pero centrándose en la narrativa gallega, lo han hecho Xoán González-Millán, del Hunter College de Nueva York, y Dolores Vilavedra, de la Universidad de Santiago de Compostela.

23 Josep Murgades Barceló
Universitat de Barcelona

Observo que [...] no consideran englobable dentro de las "literaturas peninsulares" a la portuguesa. De lo cual deduzco que en realidad se trata de substantivar el concepto - por lo demás harto escurridizo - de "peninsular" sin atender a su denotación estríctamente geográfica, antes más bien refiriéndolo a la respectiva y peculiar relación que pueden guardar con la literatura castellana las de los pueblos gallego, catalán y vasco, sometidos desde hace siglos al colonialismo glotofágico de España.

A tenor de esta objeción previa, pueden suponer ya cuál es mi parecer sobre el tema de su encuesta:

a) No creo que el concepto geográfico de "peninsular" - aún cuando incluyéramos a Portugal, según procede - sea ningún criterio pertinente de historiografía literaria.

b) Una historia - como tantas hay - de la literatura española con sendos apéndices para las literaturas no castellanas de España no es sino una de tantas maneras de legitimar la fagocitación de dichas literaturas y sus respectivas lenguas por la única oficial y hegemónica dentro del Estado español.

c) Una hipotética historia de las literaturas vasca o catalana o gallega con especial atención a la española sólo contribuiría a evidenciar la mentalidad de subordinación servil de sus autores en relación con ésta.

d) Opino que a cada tradición literaria le corresponde su propia historia, pues al fin y al cabo, y pese a quien pese tal obviedad, una literatura está hecha antes que nada de y con la lengua en que se escribe.

e) El análisis de las influencias e interrelaciones entre estas literaturas y las que fuere (no se puede olvidar, por ejemplo, el importante peso ejercido sobre la catalana por literaturas extra-peninsulares como la occitana o la francesa y, en la actualidad, por la anglosajona) atañe en propiedad a los estudiosos del comparativismo, no de la historiografía.

24 Óscar Barrero Pérez
Universidad Autónoma de Madrid

Dar por buena la opción 1.4. obligaría a compendiar en un capítulo de proporciones minúsculas una tradición extraordinariamente rica, como lo es la española. Aceptar la posibilidad 1.3 forzaría a primar el criterio geográfico (literaturas del mismo país, España) sobre el lingüístico. Decantarse por la variante 1.1 situaría al estudioso ante la disyuntiva de conceder o no el mismo espacio que a la española a literaturas (catalana, gallega, vasca) de muy diferente peso cualitativo y cuantitativo. En tiempos como los actuales, tan desdichadamente marcados por hipersensibilidades nacionalistas a contracorriente del signo de los tiempos, es de temer que al pobre historiador de la literatura que acepte de buena fe ese punto de partida (el 1.1) le lluevan mandobles desde la diestra y la siniestra. En consecuencia, me decanto por una compartimentación que sitúe cada cosa en su lugar, ocupando el espacio (grande o pequeño, según los diferentes cuatro casos) que le corresponde. ¿Acaso un lector de literatura española no siente más próximas a su sensibilidad (la lingüística, pero quizá también otra cualquiera) las obras de Sábato, Vargas Llosa o Cortázar, que las de Maragall (escritor catalán), Ferreiro (en gallego), o Aresti (en vascuence)? Y, sin embargo, no se plantea habitualmente la posibilidad de escribir una historia de la literatura escrita en literatura española, al margen de barreras geográficas. Pero en algún punto hay que poner el tope, y estos dos (la geografía y la lengua) son buenos puntos de referencia, cada uno por motivo distinto.

25 Eva Valcárcel
    Universidade da Coruña

Una historia de la literatura para cada tradición no borra necesariamente la vinculación a un espacio territorial común y, sin embargo, posibilita el estudio exhaustivo de cada literatura en una relación de igualdad científica con las demás. Esta relación de igualdad es difícil de mantener cuando se escribe una historia de la literatura española y se añaden capítulos en los que se esquematiza las demás tradiciones peninsulares, que dado el peso de la tradición castellana, apenas logran una identidad propia.

26 Francisco Lafarga
    Universitat Pompeu Fabra

He señalado el punto 1.2., una historia de la literatura para cada tradición, entendiendo que esa historia será contemporánea, es decir, que recoja paralelamente, por épocas, siglos o los períodos que se establezcan la literatura de cada tradición.

En cualquier caso, pienso que deberían establecerse lo más a menudo posible en una obra de este tipo la relación entre las distintas literaturas (y sobre todo la relación entre la literatura castellana y las restantes), incluyendo traducciones, recepción, lecturas de un autor por otro/s, reacciones de la crítica, etc.

27 Joan Miralles i Montserrat
    Universitat de Palma de Mallorca

Cada una de las literaturas de la Península Ibérica (catalana, gallega, vasca y española) tiene una tradición propia y autónoma. Es cierto que ha habido (y hay) una influencia muy fuerte de la literatura española sobre las otras literaturas, sobre todo en épocas de intensa españolización cultural, como el Barroco o la postguerra. Pero también es cierto que se dan muchos casos de relación con otras lenguas no peninsulares o hispánicas. Por ejemplo, el influjo del provenzal sobre la poesía catalana medieval. Por otra parte, hay poca relación entre las literaturas catalana, gallega y vasca. Y, en cambio, el peso de las grandes literaturas occidentales (francesa, italiana, alemana, etc.) sobre movimientos y autores catalanes concretos es considerable. Por este motivo, la mejor manera de presentar estas literaturas peninsulares es hacerlo por separado; lo cual además no implica ningún tipo de subordinación de una lengua a otra.

28 Jesús María Barrajón
   Universidad Castilla-La Mancha
   [y 1.3.]

Además de la necesidad evidente de contar con historias particulares para cada una de las literaturas peninsulares, creo que sería conveniente que las historias de la literatura española contaran con espacios que dieran cuenta del proceso literario en las otras lenguas. A mi juicio, el mejor modo de desarrollar esa idea sería la de incluir aquéllos como capítulos de cada uno de los apartados principales (tanto en una división cronológica como en una por géneros) de las historias de la literatura española, para facilitar al lector la posibilidad de relacionar lo que histórica, social y literariamente lo estuvo y lo está. En el caso de la literatura medieval y actual, la necesidad de trabajar en esta dirección se acentúa, por la estrecha imbricación entre las diversas culturas peninsulares. Pienso, por ejemplo, en el sinsentido de una historia de la literatura española que no informara sobre la poesía en catalán de Pere Gimferrer, cuando sus primeros libros, escritos en español, son considerados una de las más interesantes aportaciones a la poesía de los años sesenta; o que ignorara a autores como Manuel Rivas o Bernardo Atxaga, cuando la relación que sus novelas mantienen con el resto de la narrativa española es tan evidente. Atender, como propongo, al desarrollo de las literaturas peninsulares dentro de la historia de la literatura española, paliaría este tipo de problemas.

29 Dolores Vilavedra Fernández
   Universidad de Santiago de Compostela

La opción ideal desde mi punto de vista es la 1.2 . Obviamente, mi respuesta pretende conseguir la máxima eficacia en lo que respecta a la presentación de la tradición literaria gallega. Creo que esta fórmula permite reflejar la peculiar diacronía de la literatura gallega, discurso que se interrumpe *grosso modo* entre los siglos XV y XVIII. ¿Cómo se podría reflejar de forma significativa, es decir, analizando sus causas y consecuencias, en un volumen conjunto (fórmula 1.1)? ¿Simplemente con el silencio? Por otra parte, la fórmula 1. 1 no permitiría manejar datos que aportan disciplinas complementarias y de los que quizá se puede prescindir para estudiar otras literaturas, pero no la gallega, que encuentra en datos demográficos, sociolingüísticos, etc. elementos explicativos altamente iluminadores. Naturalmente, esto no sería posible en el modelo sintético que va implícito en la fórmula 1.1.

La fórmula 1.3 presenta la desventaja de que subsidia claramente las otras literaturas a la española, cuando lo cierto es que presentán cronologías, evoluciones genéricas, etc. muy dispares. La fórmula 1.4 me parece difícilmente sostenible, a no ser que también se incluyesen capítulos dedicados a otras literaturas próximas: la portuguesa en el caso de la gallega, occitana y/o francesa en el de la catalana.

30 Xoé Luís Regueira
Universidad de Santiago de Compostela

En mi opinión la opción 1.2. es la más adecuada. No creo que se pueda presentar la literatura gallega (o catalana, p.e.) a partir de la española, como tampoco al contrario. Por eso no encuentro utilidad a presentar un volumen centrado en una tradición literaria, con capítulos o anexos dedicados a las demás literaturas hispánicas.

Cada tradición literaria tiene sus ritmos propios y sus motivaciones específicas. Esto es evidente, creo, al hablar de la literatura medieval, y así la poesía gallego-portuguesa no tiene paralelos en las otras literaturas peninsulares. No podemos establecer paralelos tampoco más adelante: en la literatura gallega no existe el Renacimiento, ni el Barroco. Sí en otras formas de expresión artística (arquitectura, escultura), pero no en literatura. El siglo XIX en la literatura gallega no puede explicarse a partir de lo que ocurre en la literatura española. Ni creo que tampoco pueda hacerse en el siglo XX. En ciertos momentos de resurgir literario de este siglo es posible que la influencia de la literatura francesa sea mayor, o por lo menos más notoria, que la de la tradición literaria española. De hecho, en la Época Nós formaba parte del programa de desarrollo de la cultura gallega la atención a los movimientos literarios y culturales, a las corrientes de pensamiento, producidas en centros como Berlín, París o Londres. También, naturalmente, lo que se hacía en Madrid, pero no de manera exclusiva, ni siquiera muchas veces de manera preferente. Se pretendía así estar en el mundo de manera autónoma, ver el mundo con los ojos propios y evaluarlo a través de los valores de la cultura gallega, yendo directamente a los centros productores de cultura y de pensamiento en la época, sin limitarse a tomar esas ideas tardíamente a través del filtro aplicado por la intelectualidad española en Madrid. Una muestra de este proceder es el hecho, a menudo citado, de que aquí se traduce y se publica traducido al gallego un escrito de Heidegger cuando Heidegger no había sido traducido a ninguna otra lengua de la Península. Los hombres de cultura gallegos, en suma, trascienden la visión provinciana, que recibe lo que proviene de la capital, para pasar a ser agentes activos elaboradores de cultura a partir de elementos procedentes de diversas fuentes, de los centros más activos en la época. Esta actitud ha continuado en buena parte de los escritores que realizan su obra después de la guerra civil y en la actualidad. Así, por poner un ejemplo, no puede entenderse la obra de Xosé Luís Méndez Ferrín si reducimos el marco de referencias a la literatura española o incluso hispánica.

En definitiva, creo que sería de poca utilidad el estudio conjunto de tradiciones literarias que, aunque mantienen relaciones, siguen ritmos distintos y presentan diferencias claras. Por lo tanto, no me inclino por la opción 1.1.

Pero también resulta igualmente claro que la literatura gallega, catalana, u otra cualquiera, no puede entenderse en sí misma, de manera aislada. De lo que he dicho antes se desprende que la literatura gallega tiene que entenderse en un marco general, que sería el de las tradiciones literarias europeas, fundamentalmente, y en lo que respecta a la literatura de la segunda parte del siglo XX, el de las literaturas del llamado "mundo occidental", incluyendo tanto las de América del Norte como las de América del Sur.

1.3. Una historia de la literatura española con sendos capítulos, partes o volúmenes dedicados a las otras literaturas

31 Rosa Navarro Durán
   Universitat de Barcelona

Mi elección no responde más que a una intuición, porque me faltan datos para razonarla. ¿A quién iría destinada esa historia de las literaturas peninsulares? ¿Qué extensión se supone debería tener?

Es indudable que el término de literatura de la Edad de Oro - que es mi especialidad - sólo puede aplicarse a un período de la literatura castellana. Hoy, en cambio, para ofrecer un panorama completo de la literatura peninsular debería requerirse el camino 1.1. o 1.2. Pero si se habla de península ¿se olvida la literatura portuguesa?

Admitan además que si se utiliza el término español, se excluyen del concepto España o estado español otras realidades. Covarrubias en 1611 tituló su obra como *Tesoro de la lengua castellana o española*.

32 José María Díez Borque
   Universidad Complutense de Madrid

Me parece razonable y justificada científicamente la opción 1.3. para considerar en el marco general de España, la distintas literaturas, sin menoscabo de la posibilidad de que existan historias de la literatura vasca, catalana, gallega (1.4) independientes, lo que permite tratarlas con mayor atención y profundidad.

1.5. Otras

33 Antonio Chicharro Chamorro
Universidad de Granada

Estudios histórico-sociosemióticos de las prácticas multiculturales literarias en España.
Adoptar la perspectiva histórico-sociosemiótica en los estudios literarios supone la necesidad de desplazar del horizonte de conocimiento histórico (en realidad, teórico e histórico a un tiempo) criterios linealmente material-lingüísticos o exclusiva y autónomamente estéticos, integrando el estudio histórico de determinada clase de hechos radicalmente socioculturales en una perspectiva compleja que atienda a la lógica de la producción literaria como actividad social, abarcando el estudio del proceso de su institucionalización, sin abandonar la perspectiva de su dimensión semiósica en diálogo con otras prácticas culturales y lenguajes artísticos. De esta manera se podría dar cuenta de aspectos importantes del funcionamiento social de determinadas tradiciones literarias, tales como los ideológico-políticos, sin caer por ello en excesos contenidistas, pues tales explicaciones han de fundamentarse en los aspectos discursivos e intertextuales de tales prácticas.

Esta perspectiva orienta además al investigador hacia una necesaria superación de los modelos histórico-literarios tradicionales por razones tanto epistemológicas (superación del empirismo positivista, de la crono-genealogía descriptiva, de los determinismos ingenuos, de perspectivas esencialistas, etc.) como ideológico-políticas (evitación del lineal y renovado empleo operativo de la disciplina histórico literaria como un instrumento de legitimación/construcción de ideologías nacionalistas político-estéticas), sin que ello suponga ignorar la dimensión práxica de toda actividad cognoscitiva en este sentido por cuanto ésta arrastra y construye una selectiva memoria del pasado sirviendo para mantener actuante una determinada clase de experiencia histórica.

El hecho de emplear, por otra parte, la expresión "Estudios histórico-sociosemióticos...", en plural, se debe al inicial reconocimiento de la imposibilidad de efectuar *una* historia salvo que sea entendida como el resultado del cruce o diálogo de diversas perspectivas y estudios particulares, así como supone rechazar la idea de la historia entendida como totalidad guiada por algún principio de carácter universal, concibiéndola como un proceso multicasual e incluso multicocasual.

En relación con los términos enunciados de "prácticas multiculturales literarias en España", es ésta una manera de reconocer la existencia de un dominio de estudio constituido por diversas prácticas, producidas en diversos cruces espacio-temporales, peninsulares e insulares, con sus respectivos estratos, niveles y jerarquías, en diversas lenguas y horizontes de cultura que, en el caso de los existentes en España, no se comprenden por sí mismos sino en su relación, cualquiera que ésta sea, resulte conflictiva o no.

Finalmente, a la hora de afrontar las distintas soluciones discursivas para trasladar los resultados de las investigaciones históricas desde la perspectiva brevemente justificada, que suponen la construcción de regularidades ordenadoras del caos del mundo de la particularidad para un momento presente, sería conveniente tratar en pie de igualdad aquellas prácticas literarias que se diferencian entre sí, por razones culturales y lingüísticas, articulando su exposición en un discurso único que narre coherentemente lo que suponen en su propio espesor cultural y en su coexistencia en la formación social española mediante la creación de instancias de la narración que representen a estas culturas literarias, ya funcionen nacional, regional o localmente, etc., sin que ello impida el empleo de categorías de proyección universal.

Discúlpenseme los excesos y ambiciones cognoscitivas en mi respuesta, pero no se olvide que hablamos de formas ideales de trabajo histórico. La realidad de este trabajo a pie de obra se encargará de hacernos conscientes del funcionamiento de lo real.

34 Francisco López Estrada
Profesor emérito de la Universidad Complutense de Madrid.

He señalado la respuesta 1.5. porque me parece que previamente habría que fijar desde qué punto de vista se hace la pregunta: si para preparar cursos universitarios (y entonces, de qué grado) o si es para una publicación.

A) Si para cursos universitarios, dependerá del conjunto de los estudios (de lo que se llaman "planes"), del grado y la intención de la enseñanza. El planteamiento debe estar acorde con el título de la licenciatura. Y en este caso caben todos los planteamientos indicados, pues depende de la distribución de la enseñanza.

B) Si se trata de una Historia de la literatura como publicación, entonces intervienen otros factores, y uno de ellos, el signo de la Editora (Colección en la que se sitúa, posibilidades de espacio), acorde aquí con los posibles lectores a que vaya destinada la obra, si manual para alumnos, libro de consulta y de qué categoría. En ese caso, lo que indico podría tener la extensión de un capítulo o de un libro.

La mera sucesión cronológica conduce a obras, como la de Cejador, que no tiene apenas aplicación práctica. Hay que organizar partes que, por tratarse de una sucesión diacrónica, forman períodos. Pienso que en el fondo la aplicación de un criterio estético permite señalar unas pautas que sirven para reunir los diversos puntos de vista que afluyen en la composición: cronografía, biografía de autores, conjunto de obras reunidas en torno de un autor y crítica histórica y reciente. Desde un punto de vista riguroso, sólo encuentro satisfactorios dos objetivos: estudio de la obra y estudio del género.

Sería conveniente fijar la significación de "tradición literaria". Y la reunión o separación de las que se mencionan dependería del período histórico que se tratase. En la Edad Media organizaría el estudio de acuerdo con la lengua de la obra: gallega, castellana, leonesa, aragonesa, catalana (y valenciana, si se quería matizar). A partir de 1500, la española sería el centro de estudio y las otras manifestaciones se tratarían en el grado de su creación. Desde el Romanticismo y sus consecuencias durante el siglo XIX, las otras historias han de recobrar un tratamiento de acuerdo con el grado de producción, de una manera paralela.

No olvidemos la literatura virreinal, que pertenece a la vez a la española hasta la Independencia y también a las literaturas nacionales de América. ¿Y la folklórica?

35 José Carlos Mainer
   Universidad de Zaragoza

La *historia de la literatura nacional* es una convención ideológica nacida en el siglo XIX (aunque se atisbe desde el siglo XVI) que identifica una literatura con una lengua y proyecta sobre la amalgama una cierta voluntad de destino común. En tal sentido, no parece procedente quebrantar la coherencia del veterano modelo y ello hace inviable la propuesta 1.1 de la encuesta: las literaturas española, vasca, gallega y catalana solamente pueden ser agrupadas por un principio de mera contigüidad (como quizá apunta 1.2) y cualquier afirmación implícita de hegemonía (como la que se propone en la solución 1.3) tiene el feo aspecto de un cierto paternalismo protector.

Pero hay problemas de tangencia cultural muy llamativos que no es viable entender en el marco de la *literatura nacional*. Es el caso de la literatura de Cataluña o Galicia escrita en español, de los escritores bilingües o de los fenómenos históricos, sociales o editoriales transversales a todas las lenguas del ámbito hispánico, ante los que las *literaturas nacionales* carecen de respuestas (y son olvidadizas, hipócritas o falsarias): el lugar de tales estudios - y quizá el lugar de una historia de la literatura no nacional - ha de ser un amplio marco de historia institucional, intelectual y de las mentalidades, alimentado por una activa interpretación de los textos.

36 Laureano Bonet
Universitat de Barcelona

Las preguntas que plantean resultan muy arduas de contestar. En todo cuestionario las interrogaciones son por fuerza cortantes y toleran mal el claroscuro. Intentaré sin embargo contestar a partir de mi experiencia como profesor de literatura española, primero en alguna universidad extranjera y, hoy, en Barcelona. Confesaré además que no soy nacionalista -el concepto de una *historia de la literatura* tiene, huelga recordarlo, fuertes raíces políticas en el sentido más hondo de este último concepto-: en fin, el sexo de las naciones apenas me excita...

Otra apuntación: no me acaba de entusiasmar el término "peninsular". Deja fuera del tintero el riquísimo perfil cultural de las Canarias (las vanguardias plástico-literarias de la primera mitad de nuestro siglo) y las Baleares (una no menos sugestiva realidad cultural, tanto en castellano como en catalán a lo largo también de nuestra centuria).

Yo personalmente, y en un sentido globalizador, me decantaría por una *Historia de las literaturas hispánicas*. En el terreno de la práctica docente así ocurre en muchos departamentos angloamericanos donde se imparte filología en las cuatro lenguas de nuestro país. Me parece una medida sensata, fruto del pragmatismo y de una 'lejanía' que modera las emociones nacionalistas, esto es, cualquier afán hegemónico en uno u otro color. La actual estructura de España como "Estado de las Autonomías" justificaría además dicha opción historiográfica.

Opción hija asimismo de esa tradición - o tradiciones - que ustedes sabiamente han incluido en su cuestionario. Nuestro pasado cultural fluye como un constante trasiego de las diversas literaturas hispánicas: Alonso Quijano contempla fascinado en una imprenta barcelonesa la preparación de un libro en lengua castellana; Moratín hijo pasea por las calles de Barcelona y absorbe el habla catalana; algún texto de E. Pardo Bazán aflora en J. Verdaguer y éste constituye la simiente del *Nazarín* galdosiano; Valle-Inclán aviva en Espriu una cierta poesía expresionista y, finalmente, Gil de Biedma influye en G. Ferrater y éste en aquél...

Las preguntas que ustedes formulan tienen difícil respuesta, una respuesta condicionada siempre por tan dispares visiones nacionalistas y, por tanto, incapaz de satisfacer a todo el mundo. Estas palabras a su encuesta son fruto, repito, de mi experiencia como lector, crítico y profesor de literatura española: palabras ante todo relativistas y un poco escépticas. Pienso por último si en el futuro no sería útil la creación en nuestros departamentos de filología de una asignatura - o sección - que se llamase *Literaturas comparadas hispánicas*. Puede ser una solución encaminada a que los pueblos de España se comprendan mejor en lo cultural y rehuyan ese penoso juego de endogamias territoriales que nos invade con tanta voracidad...

37 Carlos Quiroga
Universidad de Santiago de Compostela

1.5. Otras: Una historia conjunta de las literaturas peninsulares (1.1), o una historia de la literatura vasca o catalana o gallega que incluya una parte o volumen dedicados a la literatura española y a la literatura portuguesa (1.5).
Admitiendo que el método historiográfico pueda ser el menos malo para realizar una introducción a los estudios de la literatura, creo que en el caso gallego es imprescindible buscar una opción en la que entre Portugal. No sólo hay una fase medieval compartida, que, como es bien sabido, hace del gallego-portugués una lengua franca para toda la lírica peninsular (y no sólo), sino que las relaciones de Galicia y Portugal, como vecinos, continúan provocando contactos e influencias desde la parte políticamente emancipada hacia algunos escritores del área que permaneció controlada por el estado español. Estas influencias, que la guerra civil brutalmente mutiló, tienden y tenderán en el futuro a ser cada vez más intensas. Si la lengua de Galicia y de Portugal continúan siendo esencialmente idénticas a nivel sistémico, además del sustrato cultural, los criterios de convergencia económica están llevando a un reencuentro cada vez más fuerte. La cultura española, por otro lado, pesa fuertemente en Galicia, y tiende a apagar las marcas de coincidencia con Portugal. Por todo esto, creo que, de las opciones propuestas, o nos conformamos con Una historia conjunta de las literaturas peninsulares (1.1), o bien formulamos otra (1.5): Una historia de la literatura vasca o catalana o gallega que incluya una parte o volumen dedicado a la literatura española y a la literatura portuguesa.

38 Enric Bou
Brown University - USA

Una historia de las literaturas peninsulares planteada como "sistema" de relaciones entre unas y otras.
Me parece imposible presentar una visión de la riqueza y complejidad cultural de la península ibérica sin tener en cuenta las múltiples relaciones (de poder y control, sumisión y rebelión, lectura y crítica, marginalidad y centralidad, etc.) que se producen entre ellas. Y entre éstas y sus vecinas más próximas: europeas hasta 1950, europeas y americanas (del norte y el sur) a partir de, más o menos, esa fecha. Una visión comparatista "sistémica" (ver los trabajos de Itamar Even-Zohar, Claudio Guillén, Iuri Lotman) me parece una aceptable solución de compromiso que puede hacer mucho para iluminar la diversidad, desde lo semejante hasta lo distante. Es un proyecto difícil y, por desgracia, hay poquísimo estudiado en esa dirección, puesto que unos y otros se/nos empeñan/mos en optar

por la solución cómoda de interesarnos exclusivamente por (¿refugiarnos en?) las islas monolingües.

39 Isabel Castells
Universidad de la Laguna Tenerife

Ninguna de las opciones planteadas me satisface y me inclino a creer que la literatura es un fenómeno que no debe mezclarse con los nacionalismos porque en la mayoría de las épocas se establecen unas líneas generales a las que, de un modo u otro y con las necesarias particularidades, se remiten la mayoría de los escritores. Por lo tanto, considero que debería redactarse una única historia de la literatura atendiendo a los géneros y, dentro de ellos, a los temas. Si hablamos, por ejemplo, de poesía, creo que lo conveniente sería enumerar a los poetas, con independencia de su lugar de origen, que se puede reseñar al mismo tiempo como dato anecdótico. Y lo mismo con respecto a la novela o al teatro. Si dentro de estos tres géneros se establece, entre muchas otras, una línea temática que tiende a la exaltación del nacionalismo, se estudia entonces como tal tema, atendiendo a sus distintas manifestaciones en una u otra comunidad. Creo que este sistema tiende a privilegiar las coincidencias entre los escritores frente a las supuestas divergencias de las que se habla normalmente por cuestiones extraliterarias y que, al mismo tiempo, no evita el tener en cuenta las lógicas peculiaridades que se dan en un escritor en virtud de su lugar de origen o, en general, el ambiente en el que realiza su labor creadora.

Creo, por tanto, que debe redactarse una y no muchas historias de la literatura española, pero sin descuidar las particularidades de cada región, estudiadas en todo caso de un modo global.

Respecto a la lengua en la que esta supuesta Historia de la Literatura Española tenga que ser redactada, considero, ahora sí, que depende del lugar en que sea editada. No considero tan pertinente una edición multilingüe como una edición en cada lengua, pero es obvio que esto obedece a razones editoriales. Si se tratara de escribir un solo libro destinado a venderse en toda España, tal vez sí aconsejaría que estuviera redactado en todas las lenguas que conviven en el territorio nacional, aunque esta idea parece inviable desde el punto de vista de la extensión del volumen y sus costos, por lo que veo más factible la posibilidad ya mencionada de que se redacte en la lengua original de quien lo escriba y luego se vaya traduciendo cuando llegue el momento de distribuir este hipotético libro por las distintas comunidades.

Bibliografía citada

Abellán, M.L.
1980   *Censura y creación literaria en España (1939-1976)*. Barcelona: Península.
Carbonell, A. et al.
1979   *Literatura Catalana. Dels inicis als nostres dies*. Barcelona: El Punt-Edhasa: 5-9.
Mainer, J.C.
1980   'La vida cultural.' En: F. Rico y D. Ynduráin (eds.) *Historia y crítica de la literatura española. Época contemporánea 1939-1980*. Barcelona: Crítica, 1980: 5-13.
Seco Serrano, C.
1990   'La historiografía.' En: J.M. Alberich et. al. *Historia de la literatura española II*. Madrid: Crítica, 1990: 1155-1157.

Bibliografía sobre historias y diccionarios de la literatura

1. Historiografía española

Adams, N.B. et al.
1960   *Spanish Literature, A Brief Survey*. New Jersey: Littlefield, Adams and Co. Paterson.
1968   *Breve panorama de la literatura española*. Madrid: Castalia.
Alberich, J.M. et al.
1990   *Historia de la literatura española I y II*. Madrid: Cátedra.
Alborg, Juan Luis
1966   *Historia de la literatura española*. Madrid: Gredos.
Alonso Hernández, J.L. et al.
1988[2]   *Spaanse letterkunde. Overzicht van de Spaanse letterkunde vanaf de Middeleeuwen tot heden*. Utrecht: Het Spectrum.
Alvar, C., J.C. Mainer y R. Navarro
1998   *Breve historia de la literatura española*. Madrid: Alianza Editorial.
Amador de los Ríos, J.
1969   *Historia crítica de la literatura española*. Madrid: Gredos.
Andrés, A.
1961   *Geschichte der Spanische Literatur*, München.
Armiño, M.
1983   *Historia de la literatura española e hispanoamericana*. Barcelona: Sopena.
Aub, Max
1966   *Manual de Historia de la literatura española*. México: Editorial Pormaca.
Aubrun, Ch.V.
1977   *La littérature espagnole*. Paris: PUF.
Aullón de Haro, P.
1981   *Historia breve de la literatura española en su contexto*. Madrid: Playor.
Aullón de Haro, P. et al.
1991   *Historia de la literatura española*. Madrid: Playor.
Barinaga, Á.
1969[2]   *Movimientos literarios españoles en los siglos XIX y XX*. Madrid: Alhambra.
Barrero Pérez, Ó.
1992   *Historia de la literatura española contemporánea. 1939-1990*. Madrid: Istmo.
Barroso Gil, A. et al.
1985[3]   *Introducción a la literatura española a través de los textos. (El siglo XX desde la Generación del 27)*. Madrid: Ediciones Istmo.

Berenguer, Carisomo, A.
1960   *Historia de la literatura española.* Buenos Aires: Luis Lasserre.
Beyrie, J.
1994   *Histoire de la littérature espagnole d'expression castillane.* Paris: PUF.
Blanco Aguinaga, C. et al.
1984^2 *Historia social de la literatura Española.* Madrid: Castalia.
Blecua Perdices, J.M.
1983   *Atlas de literatura española.* Barcelona: Ediciones Jover.
Bleiberg, G. y J. Marías
1972^4 *Diccionario de Literatura Espanola.* Madrid: Ediciones de la Revista de Occidente.
Brenan, G.
1957^3 *The Literature of Spanish people. From Roman Times to the Present Day.* New York: Meridian Books.
Brown, G.
1972   *A Literary History of Spain. The Twentieth Century.* London: Ernest Bernn Limited.
1980^8 *Historia de la literatura española. El siglo XX. Del 98 a la Guerra Civil.* Barcelona: Ariel.
Camp, J.
1943   *La littérature espagnole: des origines a nos jours.* Paris: PUF.
Cardona, A. et al.
1987   *Literatura española: teoría literaria, épocas literarias. Desde la Edad Media a nuestros días.* Barcelona: PPU.
Canavaggio, J., B. Darbord, R. Navarro
1995   *Historia de la literatura española.* Barcelona: Ariel.
Carreter, L.
1966   *Literatura española contemporánea.* Madrid: Anaya.
Castro Calvo, J.M.
1965   *Historia de la literatura española.* Barcelona: Credesa.
Catena López, E.
1978   *Historia de la literatura española.* Madrid: Organizaciones Oficiales Administrativas.
Collard, P.
1985   *Honderd jaar literatuur in Spanje.* Brussel: Labor.
Correa, P.
1987   *Historia de la literatura española.* Madrid: Edelsa.
Deyermond, A.D.
1973   *Historia de la literatura española. La Edad Media.* Barcelona: Ariel.
1980   *Historia y crítica de la literatura española. I: Edad Media.* Barcelona: Crítica.
Díaz Arenas, A.
1998   *Historia de la literatura española.* Madrid: VOSA.
Díaz-Plaja, G.
1956   *Historia de la literatura universal y española.* Barcelona: La Espiga.
1967   *Historia general de las literaturas hispánicas.* Barcelona: Vergara.
Díez Borque, J.M.
1980   *Historia de la litteratura española. Siglo XX.* Madrid: Taurus.
Díez-Echarri, E.
1972   *Historia de la literatura española e hispanoamericana.* Madrid: Aguilar.
Egido, A. et al.
1992   *Historia y crítica de la literatura española. III: Siglos de oro: Barroco. Primer suplemento.* Barcelona: Crítica.

Flasche, H.
    1989   *Geschichte der Spanischen Literatur*. Stuttgart: Francke Verlag.
Franzbach, M.
    1967   *Abris der Spanischen und Portugiesichen Literatur. Geschichte in Tabellen*. Frankfurt am Main: Atenäum Verlag.
Fuente, R. de la
    1991   *Historia de la literatura española*. Madrid: Ediciones Júcar.
Gándara y Álvarez de Miranda, A.
    1972   *Historia de la literatura española*. Madrid: Epesa.
García de la Concha, V.
    1995   *Historia de la literatura española*. Madrid: Espasa Calpe.
García López, J.
    1965   *Resumen de historia de las literaturas hispánicas*. Barcelona: Teide.
    1989[20]   *Historia de la literatura española*. Barcelona: Vicens Vives.
    1997   *Historia de la literatura española*. Barcelona: Vicens Vives.
Gies, D.T. et al.
    1991   *Historia y crítica de la literatura española. IV: Ilustración y neoclasicismo. Primer suplemento*. Barcelona: Crítica.
Gómez Tabanera, J.
    1967   *Prontuario de historia de la literatura española*. Madrid: Tesoro.
González López, E.
    1965   *Historia de la literatura española*. New York: Las Américas.
Granados, Vicente
    1978   *Literatura española, siglo XX: manual de orientación universitaria*. Madrid: Rosas.
Gullón, Ricardo
    1993   *Diccionario de literatura española e hispanoamericana*. Madrid: Alianza Editorial.
Hurtado, J. et al.
    1943   *Historia de la literatura española*. Madrid: S.A.E.T.A.
Jones, R.O. et al.
    1973   *Historia de la literatura española (7 vol.)*. Barcelona: Ariel.
Lacalle, A.
    1953   *Historia de la literatura española*. Barcelona: Bosch.
López Estrada, F.
    1980   *Historia y crítica de la literatura española. II: Siglos de Oro: Renacimiento*. Barcelona: Crítica.
Mainer, J.C., I. Soldevila
    1980   *Historia de la literatura española actual*. Madrid: Alhambra/Longman.
Mainer, J.C. et al.
    1980   *Historia y crítica de la literatura española. VI: Modernismo y 98*. Barcelona: Crítica.
    1994   *Historia y crítica de la literatura española. 7: Modernismo y 98. Primer suplemento*. Barcelona: Crítica.
Martín, E, y R. Pellen
    1972   *La littérature espangole d'aujourdhui*. Paris: Nathan.
Menéndez Peláez, J. et al.
    1993   *Historia de la literatura española*. Madrid: Editorial Everest.
Newemark, M.
    1956   *Dictionary of Spanish Literature*. New York: Philosophical Library.
Onrubia de Mendoza, J.
    1969   *Literatura española*. Barcelona: Labor.

Peres, R.D.
  1975   *Historia de la literatura española e hispanoamericana*. Barcelona: Ediciones Ramón Sopena.
Praag, J.A. van
  1960   *Beknopte geschiedenis der Spaanse Letterkunde 20e eeuw*. Amsterdam.
Reda-Euvremer, N.
  1998   *La littérature espagnole au XXe siècle*. Paris: A. Colin.
Rico, F. et al.
  1980-95   *Historia y crítica de la literatura española*. (8 vols. más suplementos). Barcelona: Crítica.
Río, Á. del
  1961   *Historia de la literatura española*. Nueva York: Holt, Reinehart and Winston.
  1967   *Historia de la literatura española*. Nueva York: Holt, Reinehart and Winston.
  1982   *Historia de la literatura española. Desde 1700 hasta nuestros días*. Barcelona: Bruguera.
Risco, A.
  1963   *Historia de la literatura española y universal*. Madrid: Razón y Fe.
Romera-Navarro, M.
  1949   *Historia de la literatura española*. Boston: Heath, 1949.
Romero Oliva, M.
  1997   *Historia de la literatura española del siglo XX*. Cádiz: Edición de Autor.
Salaun, S. y C. Serrano (eds.)
  1992   *Histoire de la littérature espagnole contemporaine: XIXe-XXe siècle: Questions de méthode*. Paris: Presses de la Sorbone Nouvelle.
Salcedo Ruiz, Á.
  1915   *La literatura Española: resumen de historia crítica*. Madrid: Casa Editorial.
Salinas, P.
  1970   *Literatura española siglo XX*. Madrid: Alianza Editorial.
Sánchez Vidal, A. et al.
  1995   *Historia y crítica de la literatura española. VII: Época contemporánea: 1914-1939*. Barcelona: Crítica.
Sanz Villanueva, S.
  1984   *Historia de la literatura española. El siglo XX. Literatura actual*. Barcelona: Ariel.
Schneider, M. J.
  1988   *Modern Spanish and Portuguese Literature*. New York: Continuum.
Sobrino, A.
  1979   *Nociones de literatura española. (Historia y análisis)*. Miami: Universal.
Steenmeijer, M.
  1989   *Spaanse literatuur van de twintigste eeuw*. Muidenberg: Coutinho.
  1996   *Moderne literatuur van Spanje en Spaans-Amerika. Vanaf 1870 tot heden*. Gorningen: Martinus Nijhoff.
Strosetzki, C., et al.
  1991   *Geschichte der Spanischen Literatur*. Tübingen: Max Niemeyer Verlag.
Torrente Ballester, G.
  1961[2]   *El panorama de la literatura Española*. (Vol. I y II). Madrid: Editorial Guadarrama.
Tusón, V. & F. Lázaro
  1978   *Literatura española*. Madrid: Anaya, 1978
Tyler Northup, G.
  1971[3]   *An Introduction to Spanish Literature*. Chicago: University of Chicago.
Valbuena Prat, Á.
  1983[9]   *Historia de la literatura española*. Barcelona: Gustavo Gili.

Valverde, J.M.ª
1976   Breve Historia de la Literatura Española. Madrid: Guadarrama.
Verstegen, L.
1985   Literatuur in Spanje: een schets van de middeleeuwen tot nu. Apeldoorn: Van Walraven, 1985.
Villanueva, D. et al.
1992   Historia y critica de la literatura española. IX: Los nuevos nombres, 1975-1990. Barcelona: Crítica.
Ward, Ph.
1978   The Oxford Companion to Spanish Literature. Oxford: Clarendon, 1978.
1989   Diccionario de Oxford de la literatura española e hispanoamericana. Barcelona: Editorial Crítica.
Wittschier, H.W.
1986   Geschichte der Spanischen Literatur vom Kubakrieg bis zu Francos Tod. Rheinfelden: Schäuble Verlag.
Yndurain, D. et al.
1980   Historia y crítica de la literatura española. VIII: Época contemporánea, 1939-1980. Barcelona: Crítica.
Zavala, I. et al.
1982   Historia y crítica de la literatura española. V: Romanticismo y realismo. Barcelona: Crítica.
1996   Breve historia feminista de la literatura española (en lengua castellana). Barcelona: Anthropos.

2. Historiografía catalana

AA.VV.
1989   Història de la literatura catalana. Edició especial per a Premsa Catalana, S.A.. Barcelona: Edicions 62 / Orbis.
Bonells , J.
1994   Histoire de la litterature catalane. Paris: PUF.
Bosch, M.À. y P. Puimedon
1992   Iniciació a la història de la literatura catalana. Barcelona: Edhasa.
Cabré, J. et al.
1981   Història de la literatura catalana amb textos : 3er BUP. 4a ed, Barcelona : Rosa Sensat / Edicions 62.
Carbonell, A.; A.M. Espadaler; J. Llovet, A. Tayadella
1979   Literatura catalana. Dels inicis als nostres dies. Barcelona: El Punt/ Edhasa.
Carrera, A. et al.
1991   Història de la literatura Catalana: tercer curs de batxillerat. Barcelona: Vicens-Vives.
Comerma Vilanova, J.
1923   Història de la literatura catalana. Barcelona: Políglota.
Espadaler, A. M.
1993   Història de la literatura catalana. Barcelona: Barcanova.
Feu, J.L.
1865   Datos y apuntes para la historia de la moderna literatura catalana. Barcelona: Narciso Ramírez.
García Silvestre, Manuel
1932   Història sumaria de la Literatura catalana. Barcelona: Balmes.

Janer Manila, G.
1984   *Paraula: introducció a la història de la literatura catalana.* Palma de Mallorca: Cort.
Llovet, J. et al.
1982   *Història i crítica de la literatura catalana avui.* Barcelona: Prado, J.M. (dir.)
1985   *Història de la literatura catalana.* Barcelona: Edicions 62 / Orbis.
Riquer, M. de, A. Comas, J. Molas et al.
1987   *Història de la literatura catalana.* Barcelona: Ariel. (1964, primera edición).
Riquer, M. de y C. de Casa Dávalos et al.
1980   *Història de la literatura catalana.* Barcelona.
Rubió i Balaguer, J.
1984   *Història de la literatura catalana.* Bacelona: Departament de Cultura de la Generalitat de Catalunya/ Publicacions de l'Abadia de Montserrat.
Ruiz y Calonja, J.
1954   *Història de la literatura catalana.* Barcelona: Teide.
Vidal Solanas, J.
1980   *Historia de la literatura catalana.* Miami: Universal.
Vidal Alcover, J.
1980   *Síntesi d'història de la literatura catalana.* Barcelona: La Magrana.
Vallverdú, J.
1980   *Història de la literatura catalana.* Barcelona: Miquel Arimany.

3. *Historiografía gallega*

Carballo Calero, R.
1955   *Aportaciones a la literatura gallega contemporánea.* Vigo: Galaxia.
1963   *Historia da literatura galega contemporánea.* Vigo: Galaxia.
1975   *Historia de la literatura gallega.* Vigo/Pontevedra: Galaxia.
1976   *Historia de la literatura gallega contemporánea.* Madrid: Editora Nacional.
1981   *Historia de la literatura gallega contemporánea.* Vigo: Galaxia.
Fernández del Riego, F.
1951   *Manual de historia de la literatura gallega.* Vigo: Galaxia
Tarrío Varela, A.
1994   *Literatura Galega. Aportacións a unha Historia crítica.* Vigo: Edicións Xerais de Galicia.
Vilavedra, D. (Coord.)
1995   *Diccionario da Literatura Galega.Vol.I. Autores.* Vigo: Editorial Galaxia.

4. *Historiografía vasca*

Colegio Santiago Apóstol (Bilbao)
1971   *Historia de la literatura vasca.* Bilbao: Euskal Kultura/ La Salle.
Estornés Lasa, B.
1995   *Historia de la literatura vasca* (5 vol.). San Sebastián: Auñamendi.
Juaristi, J.
1987   *Literatura vasca.* Madrid: Taurus.
Kortazar, J.
1991   *Literatura Vasca. Siglo XX.* San Sebastián: Etor.
Mitxelena, L.
1988   *Historia de la literatura vasca.* Donostia: Erein.

Sarasola, I.
   1976   *Historia social de la literatura vasca*. Madrid: Akal
   1982   *Historia social de la literatura vasca*. Madrid: Akal
Urkizu Sarasua, P.
   1978   *Historia de la lengua y de la literatura vasca*. San Sebastián: Haranburu
Villasante Cortabarría, L.
   1979   *Historia de la literatura vasca*. Oñate: Aranzazu.

Lista de las universidades a las que pertenecen los encuestados:

Andalucía
   Universidad de Granada
   Universidad de Málaga
   Universidad de Sevilla
Aragón
   Universidad de Zaragoza
Asturias
   Universidad de Oviedo
Islas Baleares
   Universitat de les Iles Balears
Canarias
   Universidad de La Laguna
   Universidad de Las Palmas de Gran Canaria
Castilla y León
   Universidad de León
   Universidad de Salamanca
   Universidad de Valladolid
Castilla-La Mancha
   Universidad de Castilla-La Mancha
Cataluña
   Universitat Autónoma de Barcelona
   Universitat de Barcelona
   Universitat de Girona
   Universitat Pompeu Fabra
Euskadi-País Vasco
   Euskal Herriko Unibertsitatea-Universidad del País Vasco
Extremadura
   Universidad de Extremadura
Galicia
   Universidade da Coruña
   Universidade de Santiago de Compostela
   Universidade de Vigo
Madrid
   Universidad Autónoma de Madrid
   Universidad Complutense de Madrid
Valencia
   Universitat d'Alacant
   Universitat Jaume I
   Universitat de Valencia

Robin Lefere
Université Libre de Bruxelles

AMBIGÜEDADES Y ESTRATEGIAS EN *CAGLIOSTRO*, ¿NOVELA-FILM?

La reedición de *Cagliostro* por Anaya y Mario Muchnik[1] fue sin duda un acierto: a parte de ser muy entretenida, la obra significa un hito en la historia de las formas novelescas y es representativa del doble compromiso artístico e intelectual de Vicente Huidobro. Esta nueva edición viene además acompañada por un 'Prefacio' de René de Costa, señalado como la adaptación de un trabajo anterior[2]; éste provenía de un estudio algo más amplio, titulado '*Cagliostro*: Una novela fílmica.'[3] Es casi el único comentario que existe[4], lo cual resulta extraño visto el indudable interés de la novela y la celebridad del autor. El propósito del presente estudio es doble: 1) en las huellas de R. de Costa - pero de manera más precisa y con una perspectiva más amplia -, poner de relieve, analizar y valorar las opciones estéticas de *Cagliostro* al mismo tiempo que sus manifestaciones estilísticas; 2) subrayar que esta hipotética 'novela-film' tiene también cierta transcendencia diegética, y llamar la atención sobre la peculiar riqueza de la diégesis. Empecemos por este segundo aspecto, el más inmediato y más fácil de definir.

I. *Temática y diégesis*

El título lo anunciaba: *Cagliostro* es en primer lugar, de acuerdo con la más arraigada tradición literaria, el retrato de un personaje. En su Prefacio, Huidobro relaciona directamente a éste con el conocido aventurero del siglo XVIII y declara, al mismo tiempo que su fascinación, una doble intención: borrar la mala fama de Cagliostro y reivindicarlo contra los positivistas. Cagliostro representa efectivamente el hombre de ciencias (incluidas las ocultas), no estrechamente racionalista sino consciente de y entendido en el Misterio. En realidad, la novela no va a desarrollar esta problemática, por cierto nada original (ya la propugnaban el simbolismo y el surrealismo), y hasta elude el problema: demuestra tranquilamente el triunfo de las ciencias ocultas sobre las oficiales y el escepticismo, con un dualismo esquemático (los que no creen en la ciencia de Cagliostro son explícitamente los "malos de la película"). En cambio, con el tema del saber oculto se va desplegando una escenografía maravillosa en la que el autor moviliza todos los motivos de una tradición (literaria, pictórica y - ya - cinematográfica) que resulta fascinante para su imaginación y aun para la nuestra.

Recorramos tan sólo las primeras páginas: evocación del "Oriente milagroso" y de "todos los misterios de la Cábala" ("Preliminar"), luego de ojos "fosforescentes" (/"de fósforo"), "extraños", "electrizados". En medio de una reunión secreta de personajes con cogullas, donde se intercambian señales de reconocimiento (fórmulas, anillo, rituales verbales), encontramos a un viejo rosacruz "con su barba blanca y su larga túnica tan blanca como la barba" (191)... Cagliostro es el "sabio misterioso, célebre por sus curaciones extraordinarias" (193), "un mago, un hechicero con un laboratorio de alquimista" (ibídem), con "viejos manuscritos y raros infolios, rodeado de paquetes de hierbas, de cajas, de frascos de drogas y de innumerables alambiques. Todos los instrumentos de un verdadero mago alquimista" (ibídem; y cf. 213); y no faltan "el fiel sirviente del mago, un joven egipcio llamado Albios" (ibídem), la referencia a la "ciencia infusa" (194), los "signos cabalísticos", la "varilla mágica" (ibídem); todo ello con un trasfondo religioso ("pirámides", "Hermès, Enoch y Elías", "Mesías", "Lázaro")...

Quisiera recalcar el simbolismo del espacio, sin poder aquí profundizar en ello (haría falta una ensoñación escrupulosa al amparo de Gaston Bachelard). Sigamos a Cagliostro en su itinerario iniciático (190): "pequeño sendero que trepa hacia la colina", la selva con la "fragancia abovedada de los árboles" ("Hermosa selva para los misterios y los encantamientos de las palabras arcaicas dormidas en la Cábala", 190), "el fondo del paisaje" (el "fondo" es recurrente, señal primera de un más allá) con "casa en ruinas" y "viejo lagar"; luego la trampa, la escalera, y el "subterráneo de piedras". Y en toda la historia se multiplican las salas de espera y antesalas, las puertas y sus umbrales (y los mágicos "tres golpes" en la puerta; 193, 194...), los laboratorios y alcobas...

Sería un error, pues, reprochar a la novela el maniqueísmo de su planteamiento: ésta no se sitúa en el plano de la discusión sino en el de la imaginación. Además, son todos los aspectos de la diégesis los que ostentan estereotipos con ironía y humor, lo que supone una opción fundamental. Si ya podemos adelantar que la motiva la referencia al tipo de cine entonces vigente, con intención paródica, creo también que el poeta Huidobro percibía la dimensión trágica y quizás arquetípica de ciertas estructuras estereotipadas. Es significativo al respecto el tratamiento del protagonista: el tipo del Sabio no agota al personaje de Cagliostro, figura literaria por antonomasia.[5] Cagliostro integra también el tipo del Aventurero, aún resaltado por su doble caracterización como comprometidamente ilustrado (cf. 191-192) y crístico (cf. 193-195, 200...), así como el del Creador (cf. "Levántate y anda, nuevo Lázaro, mi Lázaro. (...) Yo te amo porque eres mi criatura", 194), desde luego trascendental para el creacionista. Es decir que este héroe no era un mero componente contingente u oportunista[6], ni siquiera un producto circunstancial con valor político *lato sensu* (en cuanto derrota el positivismo y quebranta el orden burgués), sino que tiene un origen y un sentido mucho más ricos. Además, tan sugestiva como esa figura ideal resulta la ambigüedad que viene a caracterizarla, estimulando una reflexión psicológica. Dicha ambigüedad se afirma progresivamente, mediante:

a) algunos comentarios por parte de los personajes o del narrador; he aquí la primera sospecha, la primera grieta: "Después del milagro el mago hacía también la caridad. No olvidaba jamás esos detalles que podían hacerlo amar de las gentes, y no solamente amar, sino hasta divinizar." (194-195)

b) los personajes de Lorenza y Marcival que, a la diferencia de los demás, no son sólo marionetas (por funcionar como valedores del héroe). La relación con Lorenza, a la par que ambiguiza a Cagliostro (entre otras cosas: ¿ama a la mujer Lorenza o al poder que ésta le proporciona?), lo hace humano y trágico. (cf. 202-203)

c) la misma caracterización del personaje: sus "calificaciones" y "funciones" (según la terminología de Philippe Hamon). Por ejemplo: "*clavando* en Lorenza las *garras* de sus ojos." (215)

A la luz de ese proceso por el cual el héroe se va conviertiendo en un ser ambiguo, podemos sostener que el tema principal de *Cagliostro* no es tanto una reivindicación del 'otro saber' como, a través de la figura de Cagliostro, y coalescente con la formación de ésta, una reflexión sobre las relaciones entre saber y poder; entre saber como instrumento del bien colectivo y saber como motivo de vanidad e instrumento de ambición personal. Ahora bien, cabe puntualizar que tampoco este tema llega a constituir una temática, por no emanciparse de su origen (la reflexión del autor sobre su héroe).

II. *'Novela-film'*

1. *Novela*

Si es verdad que tiene su origen en un guión en francés para película[7], esto no implica que el *Cagliostro* que consideramos no sea un texto autónomo. Restemos las advertencias liminares del autor y las intervenciones posteriores del narrador que refieren directamente al cine, y es muy probable que el lector no se percate de que está leyendo una 'novela-film' y no una novela a secas, a pesar de la brevedad y de cierta extrañeza, sobre la que volveremos. Por otra parte, hay que reconocer el carácter eminentemente textual de la novela, rica en rasgos estilísticos propiamente literarios. Leamos el 'preludio'.

> Una tempestad siglo XVIII retumbaba aquella tarde de otoño sobre la Alsacia adormecida, sobre la dulce Alsacia rubia a causa de sus hojas y de sus hijas.
>
> Grandes nubes negras y llenas como vientres de focas sobrenadaban en los vientos mojados en dirección hacia el oeste, guiadas por hábiles aurigas. De cuando en cuando el lanzazo de un relámpago magistral (...).
>
> Era una noche especial para el martillo de los monederos falsos (...).
>
> El cochero, para imitar al cielo, castiga sus potros con los relámpagos de su látigo y la carroza se acerca separando la lluvia como los cañaverales en las grandes llanuras tropicales. (...)
>
> (...) el rayo, escapándose de su yunque invisible (...). El cochero se ve magnífico en su actitud de detener los caballos espantados. Parece un monarca sobre el carro del estado al borde del abismo de la Revolución, etc.

La combinación "Tempestad siglo XVIII" es una creación exclusivamente verbal de *nonsense*, y ¿qué correspondencia visual imaginar para la repetición retórica y el juego paronímico que siguen? Podemos "ver" fugitivamente nubes como "vientres de focas" (y, eventualmente, concebir una adaptación cinematográfica mediante una superposición o asociación de imágenes - lo mismo para los ulteriores "cañaverales"), pero la textura semántica ("sobrenadaban", "mojados"...) se dirige al ojo que descifra. Más difícil de ver todavía es la imagen de los "hábiles aurigas", hoy mera retórica, que es sin embargo *textualmente* muy fecunda: prepara el surgimiento del cochero, mientras que su proximidad con el "lanzazo de un relámpago magistral" prepara el nexo - irónicamente explícito ("para imitar al cielo", con una ironía exclusivamente verbal) - con el ulterior "castiga sus potros con los relámpagos de su látigo"; a su vez, el "relámpago magistral" genera la alusión al "martillo de los monederos falsos", para después fusionar los dos en el "yunque invisible". En fin, si el "cochero-monarca" se puede ver, remite a cierto tipo de retórica o de esculturas alegóricas; en cuanto al "etc", es desde luego un recurso exclusivamente verbal.

Cagliostro constituye indudablemente una obra literaria, que aparece como novelesca y se deja leer como una novela; una novela, en suma, aunque 'extraña'... El autor la presenta como 'novela-film': ¿en qué medida es cierto?; ¿explica semejante calificación dicha extrañeza? Conviene ante todo dilucidar una primera ambigüedad.

2. ¿'Novela visual' o 'novela-film'?

Al definir *Cagliostro*, Huidobro oscila entre las denominaciones 'novela visual' y 'novela-film' (cf. su 'Prefacio'), pero piensa, de todos modos, en una novela 'para los ojos', inspirada en la estética cinematográfica de su tiempo. Es muy probable que la idea de escribir una novela cinematográfica se originara tanto en la de hacer una novela visual, después de componer poemas visuales[8], como en la voluntad de proponer una respuesta personal al tema polémico de las relaciones entre cine y literatura.[9] Desde una perspectiva más amplia, la podemos considerar en la línea de la vanguardia francesa de principios de siglo: afán por la fusión de las artes (lo que radicaliza la ambición del simbolismo), especialmente la de la literatura y de la pintura (cf. el cubismo y, en particular, los "calligrammes" de Apollinaire, después de Mallarmé), así como referencia a los inventos técnicos de la modernidad (cf. Apollinaire otra vez, el futurismo). En todo caso, el intento es original.[10]

Examinemos lo hecho. Si seguimos la cronología de la lectura, lo más llamativo es, de entrada (cf. 'El autor al lector'), la afirmación reiterada por parte del 'autor' (narrador) de que la presente novela es "un billete para entrar al cinematógrafo" y que el lector debe actuar como un espectador. Es decir: el narrador intenta condicionar la recepción del texto e imponer un código de lectura. Cabe destacar, de paso, la modernidad entonces vanguardista de la interpelación al lector[11], y sobre todo la de la referencia al libro adquirido (recursos cuyo paradigma iba a constituir *Se per una notte d'inverno un viaggiatore*, en 1979). Lo esencial para nuestro propósito es que el metadiscurso insiste en la visualidad de la obra y, correlativamente, en la necesidad de visualizarla. Por cierto, el teatro está mencionado a la par que el cine - "Se levanta el telón, o mejor dicho, se corren las cortinas y aparece: (...)" - de manera que se prolonga la vacilación entre novela visual y novela film, pero a continuación aparecen los rótulos presentativos ("CAGLIOSTRO / por Vicente Huidobro"...) y un 'Preliminar' explicativo del argumento ("Hacia el final del reino de (...)") cuya misma retórica ampulosa es típica del cine mudo. Este preliminar podría ser proyectado tal cual en una pantalla de cine y constituye el primer aspecto realmente fílmico de la novela; al mismo tiempo, justifica y refuerza la persuasión pragmática.

Resulta que la primera página, propiamente preparatoria, estimula una visualización de lo escrito, en especial una *visualización cinematográfica*. Con respecto a las modalidades de esta estimulación, podemos distinguir entre *tácticas persuasivas* y *procedimientos* que provienen del cine y acercan efectivamente la novela al film. El principio del "Preludio en tempestad mayor" (observemos el parentesco con la música) es muy interesante en cuanto a las tácticas. En la primera página (189) podemos determinar cuatro tipos, que intentaré precisar a partir de cuatro ejemplos:

> 1) De cuando en cuando el lanzazo de un relámpago magistral vaciaba sobre la angustia de nuestro panorama la sangre tibia de una nube herida.

La palabra "relámpago" constituye un motivo eminentemente visual y como tal susceptible de provocar una visualización; más aún en cuanto que la apoya la sugestividad visual de "lanzazo" (movimiento gráfico), aumentada por el carácter a la vez rítmico y repentino del suceso ("de cuando en cuando"), por la palabra "panorama", semema visual (panorama) que refiere a un espacio de visión (preparando la etapa siguiente, cf. 2), y finalmente por el color de la palabra "sangre".

> 2) *A la derecha del lector*, la lluvia y la fragua activa de la tempestad; *a la izquierda*, una selva y colinas.

Muy sutilmente, con pocos medios, el espacio virtual de la ficción queda concretado y transformado en un espacio visual que se organiza alrededor de un eje constituido por la mirada de un lector que contempla frontalmente dicho espacio; o sea, el espacio de la ficción se traslada al de la pantalla al mismo tiempo que el lector se convierte en espectador.

> 3) Una carroza misteriosa, a causa de la forma y el color, *avanza sobre el lector* al galope compacto de sus caballos, cuyos enormes cascos de hierro hacen temblar toda mi novela.

El pasaje está muy logrado, pero resulta ambivalente. Por un lado, proporciona varios estímulos visuales ("forma", "color", "enormes") y confirma la conversión del lector (narratario heterodiegético) en espectador, profundizando en la supuesta relación lector-pantalla: hace al lector víctima de una ilusión óptica que es propia de la que el cine puede suscitar en el espectador, y que tiende a incluir a ese lector-espectador en el mismo espacio de la ficción (cf. más abajo: "deben retroceder algunos metros para no ser salpicados"). Por otro lado, de repente, en el momento de la máxima ilusión (así se supone), el narrador recuerda al lector que está leyendo una novela, con lo cual se anula la ilusión realista... o culmina de forma paradójica: es ahora la novela la que queda atrapada en el espacio de la ficción. Aquí conviene recordar un pasaje anterior donde observamos una misma ambivalencia: "Toda esta página que acabamos de escribir está atravesada por un camino lleno de fango, de charcas de agua y de leyendas." El espacio de la página se convierte de repente en espacio de la ficción (o en espacio entre pantalla y marco donde se pueden visualizar componentes del espacio de la ficción), anulando el efecto distanciador de la autorreferencia. No nos perdamos el zeugma: al coordinar lo material y lo inmaterial continúa a otro nivel, discretamente, la confusión de los planos.

> 4) ¿Habéis visto sus ojos ? Sus ojos fosforescentes como los arroyos que corren sobre las minas de mercurio (...). Miradlos bien, porque esos ojos son el centro de mi historia (...)

La interpelación da o finge dar por descontado que el lector *ve* al personaje, incluso independientemente de las informaciones que se le pueda proporcionar, sugiriendo así otra fuente: visual, cinematográfica. Semejante interrogación retórica representa una nueva incitación a la visión, como tal reforzada por el motivo visual del ojo (recurrente a lo largo de la novela) y su caracterización ("fosforescente"), así como por la exhortación final.

Los cuatro pasajes analizados permiten sacar algunas conclusiones:
- La táctica persuasiva del metadiscurso está afortunadamente seguida de *tácticas propiamente textuales*, más o menos manifiestas y sutiles. Si la racionalización de los mecanismos es relativamente compleja, está claro que el autor ha intuido sus "tácticas", y que el lector las percibe de manera bastante confusa (así tiene que ser), llevado por el ritmo alegre de la narración y aguijoneado por la curiosidad de lo que va a ocurrir.
- Entre las tácticas textuales que impulsan una visualización, conviene distinguir dos tipos: las *léxico-diegéticas* y las *narrativas*. El primer tipo, recurrente a lo largo de la novela, moviliza bien lexemas con significados o semas visuales, bien sucesos y motivos visuales, estimulando al lector a que visualice lo que se le está contando. El segundo tipo, que se corresponde con los ejemplos 2, 3 y 4, descansa en la presuposición: finge dar por sentado que el lector está viendo, literalmente y como en una pantalla, lo narrado. No sólo estimula la visualización sino que, con la ayuda del contexto (especialmente del metadiscurso), conspira en persuadir al lector de que está viendo una película.

Hasta ahora nos hemos centrado en las primeras páginas, quizás las más elaboradas e interesantes para nuestro propósito. En las siguientes, el autor se empeña en mantener la 'visualización' por parte del lector; sigue con la persuasión metadiscursiva[12], pero sobre todo elige cuidadosamente escenas o motivos cuya 'visualidad' su escritura hace resaltar.[13] Así llaman la atención la frecuencia, a decir verdad tanto teatral como cinematográfica, de las apariciones y desapariciones de personajes, sus enfrentamientos (con las fórmulas recurrentes "frente a frente", "cara a cara"; cf. 214, 192), escenas espectaculares como las relacionadas con la 'visión', 'doble vista', 'hipnosis'... Propongo que nos detengamos un poco en la descripción de los personajes.

Destaca la tendencia a enmarcarlos. La fórmula "aparece en el umbral de la puerta", con sus variaciones léxicas y diegéticas, es recurrente (cf. 195, 200, 205, 207, 211, 212...); el ejemplo siguiente asocia el motivo con una concentración por lo menos llamativa de estímulos visuales:

> -No me disgustaría *ver de cerca* a ese famoso Cagliostro.
>
> Apenas ha pronunciado esas palabras cuando *la puerta del fondo de la sala se abre y Cagliostro aparece en el umbral*, misterioso y *sonriente, contemplando el efecto producido por su aparición.* (...) la estupefacción, casi el miedo, *se pinta en todos los rostros (...) contemplan al mago y se contemplan entre sí.*

Obsérvese que aquí el ojo del lector es reclamado a través del deseo de ver de los personajes, los cuales se observan los unos a los otros creando una red de miradas que tanto mejor capta el ojo del lector cuanto lo invita a adoptar distintos puntos de vista. Además, al ser la puerta, aquí como en otros muchos casos, la "del fondo", se crea un efecto visual suplementario de perspectiva.

Otro rasgo, advertible ya en el ejemplo precedente, es la constante focalización de las miradas sobre los rostros (sea la mirada del narrador o la de un personaje), en particular sobre los ojos (escudriñados por ojos que "se fijan", fascinados por ojos que "se clavan") y los gestos. Las calificaciones suelen ser repetitivas (del tipo: "con un gesto de cólera"; 196, 204, 205...), pero algunas merecen ser destacadas:

> - Cagliostro aparece con una sonrisa helada en los labios y un gesto diabólico en los ojos (207)

> - Cagliostro no puede reprimir un movimiento de rabia, que sería imperceptible si no tuviéramos los ojos clavados en él. (206)

La primera combina 'aparición' y focalización sobre el rostro, luego sobre el ojo, incluyendo el 'gesto' en el ojo (nótese, de paso, la antítesis humorística "helado"-"diabólico"). La segunda utiliza el artificio del sentimiento 'reprimido'/'contenido' debidamente señalado (cf. también 210, 202...), lo cual confiere más fuerza a dicho sentimiento al mismo tiempo que sitúa al lector en la posición de un observador atento.

La focalización sobre los rostros y los gestos se conforma sin duda a la tradición descriptiva novelesca, pero el talante esquemático y ostentosamente estereotipado de las caracterizaciones (el malo que "se frota las manos y sonríe irónicamente", 198) remite más bien a la estética del cine expresionista[14]; es significativo al respecto que la escenografía se muestre preocupada por la iluminación (cf. 200, 213...), en especial la de los rostros:

> (...) *y vuelve hacia la luz de la vela. Extraños reflejos de luz y de sombra parecen alargar aún más su rostro pálido de asceta.* (212)

El motivo visualmente muy sugestivo de la "luz de la vela" está incluido en una estructura diegético-narrativa (movimiento del personaje hacia una fuente de luz, una ventana...) que suele preparar una descripción visual (del mismo personaje o de lo que ve): así vemos un juego de luces, además contrastado y "extraño", sobre un rostro de palidez llamativa, con un efecto óptico igualmente llamativo para el ojo.

Ahora bien; si, más allá de las descripciones 'visualizadoras', buscamos procedimientos que intenten adaptar técnicas cinematográficas, encontraremos muy pocos. René de Costa (Prefacio, 14-15), al señalar que la narración es a veces 'fílmica', cita el pasaje que describe la aparición y luego desaparición de Cagliostro: la escritura evoca las consecuencias para el ojo (agrandamiento progresivo y 'fade-out') de la perspectiva fija del espectador, con las que suele jugar la cámara. A propósito de otro pasaje:

> La cabeza de Lorenza se agranda a nuestros ojos, hinchada por la curiosidad general. Su rostro se torna fluídico y la carta toma el sitio de su frente de tal modo que se pueden leer por transparencia las frases siguientes (...) (204)

destaca un "primer plano con efecto telescópico en donde se utilizan dos recursos, el fundido y la superposición." (1978: 87) Sin embargo, si queremos ser exactos, la narración se hace fílmica sólo en cuanto *alude* a efectos habituales en el cine, o sea describe lo narrado en términos que nos dan la ilusión de que está ocurriendo en una pantalla, manifestándose de forma cinematográfica y por tanto suscitando una visualización de tipo cinematográfico.[15] Es decir, se trata de un caso especial de táctica persuasiva.

3. *Rapidez cinematográfica y modernidad*

La diégesis se presenta como una concatenación de escenas fuertes que se suceden rápidamente, con traslados frecuentes de un espacio a otro (de ahí las indicaciones de lugar que inician las secuencias), de tal manera que es legítimo y oportuno hablar de 'composición cinematográfica' y usar los conceptos analíticos de 'secuencias' y 'montaje'; tanto más en cuanto que algunas partes muestran el procedimiento narrativo del montaje alternado (cf. 199-204). *Cagliostro* se funda en una estructura narrativa de película al mismo tiempo que adopta el estilo narrativo propio del cinematógrafo: concentración y rapidez. Así viene a definirse el carácter más propiamente cinematográfico de *Cagliostro*, y es también lo que más radicalmente altera la novela tradicional.

En realidad, la intención de hacer una novela rápida fue por lo menos tan importante como la de hacer una novela visual, y pudo condicionar ésta:

> Character drawing *today* has to be *more synthetic, more compact, than it was before*. Action cannot be slow. Events have to move *more rapidly*. Otherwise the public is bored. There cannot be large voids or long preliminary descriptions as in *the novel of earlier times*. (...) The drawing of characters by means of long psychological processes *is finished*. Four strokes of the brush, and a living being is *painted*. Four strokes of the brush, and a situation is painted. Four strokes of the brush, and a landscape is painted. And *to paint* them well by this method is much more difficult than it was by the old. (Huidobro, en R. de Costa, 1978, 78-9; las cursivas son mías)

Está claro que si la rapidez cinematográfica pareció estéticamente ideal, hasta el punto de ser elevada a rango de modelo para una novela moderna, es en la medida en que se armonizaba con la 'velocidad moderna', una velocidad reconocida como rasgo definitorio de la modernidad y aún seductora (piénsese en el futurismo y en el cine surrealista, con su celebración del movimiento).

4. *¿Novela-film o cuento novelesco?*

Aunque la ilusión cinematográfica resulta notable y novedosa, cabe observar que hubiera sido más perfecta si el poeta hubiese dado menos protagonismo a la lengua y no hubiese ironizado y parodiado las convenciones diegéticas fílmico-novelescas. Pero *Cagliostro* es ante todo la novela anticonformista de un poeta que prefiere el lenguaje a la narración, una escritura libremente lúdica y gozosa a los imperativos de un género. Debemos ver que lo mejor de la obra radica precisamente en su ambigüedad estética fundamental: *Cagliostro* es una novela a la vez eminentemente novelesca y crítica con las convenciones novelescas; extraordinariamente visual (referencial) y verbal (autorreferencial); rápida por su ritmo narrativo y, por llamar la atención sobre la textura verbal e imponer el ritmo de la experiencia estética, lenta. De ahí su aspecto polifacético, en virtud del cual se la podría calificar como novela-film, sin duda, pero también novela-folletín, anti-novela, o también - propongo - como *cuento novelesco*. Debo justificar algo esta última caracterización. En efecto, si admitimos que los rasgos constitutivos del cuento tradicional son (dicho de forma somera):
- una historia esquemática, repleta de elementos (figuras, motivos,...) estereotipados y maravillosos, y no desprovista de moraleja;

- una estructura repetitiva, en todos los niveles: desde la repetición de palabras y de carácteres, hasta la de motivos y situaciones;
- una escritura "poética;

pues todos estos rasgos se encuentran en *Cagliostro*, que no por casualidad me recordó varias veces algunos textos de Jean Cocteau.[16]

Conclusión

Huidobro, escritor original por temperamento y ávido de originalidad, quiso re-crear la novela, transformándola en el sentido de la 'modernidad'. El interés personal por una estética literaria visual y por el cine, así como las circunstancias de la época, le impulsaron a escribir una 'novela-film'. *Cagliostro* constituye un brillante prototipo, que anuncia también los límites del parentesco: la escritura tiende a una composición y a un ritmo cinematográficos, pero implica de forma sistemática y múltiple la visión, al tiempo que desarrolla una estrategia de alusión y de persuasión que estimula una visualización cinematográfica y cuya eficacia depende de la colaboración del lector. Esta manera de requerir al lector es tan original como el intento de 'novela-film' y ambas cosas, tanto por su posteridad como por su combinación con la ironía hacia las convenciones narrativas y diegéticas tradicionales, hacen realmente de *Cagliostro* una novela de vanguardia. Por otra parte, la ambigüedad temática y sobre todo estética de la obra realizada, y correlativamente la variedad de sus aspectos (incluido el de cuento novelesco), definen su valor intrínseco. Sin embargo, hay que reconocer también las limitaciones de este tipo de novela, y considerar como despistadas las pretensiones de Huidobro de que llegara a ser la novela del futuro, en sustitución a la novela larga y "aburrida". La teoría estética de los "four strokes" no hace sino recordarnos que Huidobro, como Breton, como Cocteau, es un poeta, y no un novelista: es en parte por esto que ha renovado la novela, creando lo que se podría caracterizar sintéticamente como un cuento novelesco, fílmico e interactivo, irónico.

NOTAS

1. El texto se había vuelto difícil de encontrar, a no ser en las bibliotecas que disponen de las *Obras completas*. Por figurar éstas en las bibliotecas universitarias, a ellas remitiré (vol. II: 185-240).
2. Véase 'Novela y cine', en *Los oficios de un poeta*. He manejado la edición inglesa.
3. Cf. *En pos de Huidobro*, 1978; pero es a su vez la reedición de un estudio anterior ('El cubismo literario y la novela fílmica: *Cagliostro* de Vicente Huidobro'). R. de Costa escribe: "Apenas advertida por la crítica establecida y después prácticamente ignorada por todos, la novela de vanguardia más audaz de Huidobro vive todavía en una especie de clandestinidad, aun para los especialistas en la llamada 'nueva' novela. (...) lo que hace que *Cagliostro* debe ser recordada es su peculiar génesis ambulante, de

un idioma a otro, y la extraordinaria disparidad de su recepción crítica en distintas partes del mundo." (1978: 76) Estas 'razones' sorprenden por lo periféricas que son... De manera general, hay que decir que este estudio, a parte del mérito de revalorizar la obra y de las valiosas informaciones que proporciona, es bastante superficial.

4. Se pueden encontrar apuntes en María Eugenia Luvecce (1957) y Alicia Rivero Potter (1984).
5. Denomino 'figura' al personaje que llega a encarnar un tipo ideal, lo que suele conferirle un atractivo especial.
6. R. de Costa (1984: 120-121) señala que el impulso para escribir una novela acerca de un personaje histórico (Cagliostro o el Cid) venía probablemente del éxito de las novelas de Joseph Delteil, amigo de Huidobro especializado en la reescritura, "with the metaphoric verve of the avant-garde", de este tipo de novelas (y es cierto que Huidobro tenía afán de éxito).
7. La historia del texto no está clara del todo. Más de fiar parecen ser las indicaciones de René de Costa (prefacio y libro citados), quien menciona la supervivencia de fragmentos del guión original en francés (1923) y dice que la obra, ya publicada en Inglaterra en 1931 (*Cagliostro, Mirror of a Mage*, Spottiswoode: Houghton Mifflin), "no apareció en castellano hasta 1934, y entonces, totalmente transformado [el guión] en una 'novela-film'." (Prefacio, 10) Una edición chilena (Zig-Zag, 1942) y María Eugenia Luvecce (*art. cit.*, 80) dejan entender que ya existía en 1923 un manuscrito en español, entregado a un editor de Madrid que no lo publicó.
8. Véase ya *Horizon carré*. R. de Costa (1984: 92-95 y 175) evoca los "poèmes peints" posteriores y menciona un catálogo de exposición (1922) con trece de éstos.
9. "Some years ago there was much discussion in the intellectual world over the question whether the cinematograph could or would have any influence upon the novel. Recently the periodical *l'Ordre* has been conducting an inquiry into this question here in Paris. The majority of the replies were foolish. (...) This book was first published fragmentarily in 'advanced' reviews in 1921 and 1922. It has been completely revised for the present publication. It is my answer to the question whether the cinematograph can influence the novel." (Prefacio a la edición inglesa, citado en R. de Costa, 1978: 77-78).
10. Recordemos que *Nadja* de André Breton, novela novedosa que integraba fotografías, es de 1928.
11. 'Modernidad vanguardista' con respecto al modelo canónico de la novela del siglo XIX, pero no sin antecedentes (pensemos en el *Tristram Shandy* de Sterne o en *Jacques le fataliste* de Diderot).
12. Por ejemplo: "Ruego a las lectoras (...) que observen con atención los gestos y movimientos de Casanova. (...) Asimismo ruego a los que estudian la Fisiognomonía, que pongan atención en la cabeza del profesor Lavater (...)." (216); "A sus ojos aparece un gran salón de estilo Edad Media para cinema." (190); "(...) (no debe ser más hermosa que Lorenza, porque entonces la primera actriz protestaría)." (217)
13. El prefacio a la edición inglesa indica la lucidez del autor: "(...) the author has deliberately chosen words of a visual character and events that are best suited to comprehension through the eyes." (citado en R. de Costa 1978: 77)
14. "Al redactar el guión, Huidobro se había inspirado en la línea vanguardista del mejor cine del momento, las películas expresionistas de horror y de ilusión rodadas en los estudios alemanes - *El gabinete del doctor Caligari* (1920) y *Nosferatu* (1922) (...)." (R. de Costa, pref.citado, 9)
15. Lo mismo puede decirse del ejemplo siguiente, aunque resulta más interesante al ir más lejos en la 'alusión': "(...) la cabeza del herido se agranda, se vuelve enorme, enormemente enorme, desborda de la pecera y ocupa toda la escena (...) la cabeza es como un muro ante nuestros ojos" (198) ... La escritura mimetiza un acercamiento progresivo de la cámara, a través de su efecto sobre el espectador.

16. Es curioso que los detractores de Huidobro le hicieran el mismo reproche que le hacían a Cocteau los suyos: la 'ligereza'. Es que hay una estirpe de poetas que son esencialmente 'ligeros' (a la manera sublime del pájaro), con lo cual cumplirían con una de las funciones de la literatura según Calvino: quitarle peso al mundo.

BIBLIOGRAFÍA

De Costa, René
    1977   'El cubismo literario y la novela fílmica: *Cagliostro* de Vicente Huidobro. En: *Revista de Crítica Literaria Latinoamericana*, III: 6.
    1978   *En pos de Huidobro*. Santiago de Chile: Editorial Universitaria.
    1984   *Los oficios de un poeta*. México: Fondo de Cultura. (*Vicente Huidobro. The Careers of a Poet*. Oxford: Clarendon Press).

Huidobro, Vicente
    1976   *Obras completas*. Santiago de Chile: Editorial Andrés Bello (dos tomos).
    1993   *Cagliostro*. Barcelona: Anaya & Mario Muchnik.

Lefere, Robin
    1989   'Les "contes romanesques" de Jean Cocteau.' En: A. Mingelgrün (ed.), *Jean Cocteau*, Editions de l'Université de Bruxelles, 51-63.

Luvecce, María Eugenia
    1957   'La prosa creacionista de Vicente Huidobro.' En: *Atenea*, 374.

Rivero Potter, Alicia
    1984   *La estética mallarmeana comparada con la teoría y la práctica de la novela en Gómez de la Serna, Huidobro y Sarduy*. Michigan: UMI.

Lieve Behiels
Katholieke Vlaamse Hogeschool, Amberes

ENFOQUES SOBRE LA LITERATURA
DEL SIGLO DIECINUEVE

Michael Ugarte, *Madrid 1900. The Capital as Cradle of Literature and Culture*, Pennsylvania: Pennsylvania State University Press, 1996.
John Sinnigen, *Sexo y política: lecturas galdosianas*, Madrid: Ediciones de la Torre, 1996.
María Paz Yáñez, *Siguiendo los hilos. Estudio de la configuración discursiva en algunas novelas españolas del siglo XIX*, Bern: Peter Lang, 1996.
Margarita O'Byrne Curtis, *La razón de la sinrazón: la configuración de la locura en la narrativa de Benito Pérez Galdós*, Las Palmas: Ediciones del Cabildo Insular de Gran Canaria, 1996.

En los estudios sobre el siglo diecinueve, y los galdosianos en particular, se estila la convivencia productiva y pacífica de variados enfoques teóricos. Los libros que reseñamos a continuación atestiguan este feliz pluralismo.
En *Madrid 1900. The Capital as Cradle of Literature and Culture*, Michael Ugarte quiere comprender el espacio geográfico e histórico y el literario como un "tandem" (8): existe una relación de interdependencia entre la cultura urbana y las obras de arte que engendra. El libro se sitúa en la corriente del "nuevo historicismo", que busca la reinserción de la obra literaria en su contexto, integrando en el análisis sociohistórico la aportación de la teoría literaria contemporánea. La introducción presenta las fuentes teóricas que enmarcarán los estudios dedicados a algunos autores específicos. No se puede hablar de un marco teórico cerrado, ya que tanto la teoría literaria de tendencia sociohistórica y narratológica como la filosofía antigua y contemporánea tienen cabida en él. Ugarte toma como punto de partida la obra de Bakhtin y el estudio de Raymond

Williams sobre el papel de las ciudades en la narrativa británica del siglo XIX. El autor se remonta a Platón y San Agustín para recordar que la ciudad, más que un lugar, es un concepto de organización social. Recoge en su reflexión teórica a Charles Baudelaire y Walter Benjamin, que destacan en su obra la ciudad como realidad sensual, a través de la figura del 'flâneur'. Incorpora igualmente las obras de varias feministas norteamericanas para enriquecer la perspectiva sobre el devenir urbano moderno. En los capítulos sucesivos se instaura un diálogo entre estas obras de referencia teóricas y las obras literarias en cuestión.

En este libro, las citas se ofrecen en la versión original y en inglés, para que los lectores no hispanohablantes puedan tener acceso a la valiosa información que ofrece. Lástima que haya tantas erratas en los textos españoles. Como el libro se dirige también a un público de no hispanistas, los autores y las obras objetos de análisis reciben una amplia presentación biográfica y literaria que algunos podrían considerar prescindible.

El primer capítulo, 'Reading Madrid's History', trata de la configuración de Madrid en algunos escritores del siglo XIX. Larra y Mesonero Romanos contribuyen a la formación de una nueva conciencia urbana insistiendo en las reformas materiales necesarias para que Madrid pueda ocupar su rango entre las capitales europeas de la época. Al mismo tiempo, la ciudad constituye el marco para sus narraciones. Ugarte proporciona un análisis original del archiconocido artículo 'Vuelva usted mañana' de Larra, donde relaciona la crítica de la lentitud burocrática con el nuevo concepto del tiempo medido del trabajo, característico de las sociedades industriales y con la actitud ambivalente frente al tiempo 'perdido' del ocio, imprescindible, por otra parte, para la producción de textos literarios.

Cómo era de esperar, la obra escogida por Ugarte para hablar del Madrid galdosiano es *Fortunata y Jacinta*. La novela ofrece una historia social, económica, política y geográfica de la ciudad que pretende ser totalizadora. Pero nunca se consigue esta totalidad, ya que el proyecto narrativo queda subvertido por la ambivalencia y las voces competidoras. Ugarte observa certeramente que las novelas urbanas y las ciudades modernas se parecen en que ambas tienden a crecer orgánicamente fuera de los límites previstos por sus planificadores y a resistir - felizmente, añadiríamos nosotras - a las tentativas de "limpieza". (38) El autor insiste en la importancia del proceso evolutivo - tanto histórico como narrativo - en *Fortunata y Jacinta* y en el sentido de comunidad, continuidad y apertura hacia el cambio histórico, compartido por la ciudad y por la novela y comunicado al lector.

Las mujeres exigen un espacio urbano propio, lo que Ugarte ejemplifica mediante la obra de Emilia Pardo Bazán. Pone de relieve que Pardo Bazán y Pío Baroja, a pesar de lo que llama la "generational fallacy" (51), compartían la misma realidad madrileña: una ciudad que se estaba industrializando, rodeada de un cinturón proletario de origen campesino. A la visión compasiva y cristiana de Pardo Bazán se opone el enfoque sociológico y cientificista de Baroja, al que se dedica el segundo capítulo ('Urban Sociology and Narrative: Pío Baroja'). Pero, como dice Ugarte, los excesos de la ciudad no pueden reducirse al resultado de un experimento científico.

En el tercer capítulo, 'Feminist Madrid', Ugarte comenta la obra de Carmen de Burgos, autora no canónica, aunque muy leída en su época. Sus relatos tratan de mujeres que intentan liberarse de matrimonios opresores y que se abren camino en la capital, que les opone obstáculos pero que ofrece resquicios de libertad. Gracias a su labor de periodista, Carmen de Burgos aumenta la visibilidad de las mujeres en el Madrid del cambio de siglo. La obra de Ramón Gómez de la Serna constituye el objeto del capítulo siguiente, 'Things of the City'. Ugarte pone de relieve lo fragmentario de su arte, el interés por el objeto en sí, lo que subvierte la tentación de ver la ciudad como un todo estructurado y comprensible. Lo importante es la acumulación de objetos sin valor aparente, de allí la importancia del Rastro, que es como una metonimia de Madrid. La historia de la ciudad se ha fragmentado en la de sus calles, sus edificios y sus habitantes: recuérdese la biografía del Café Pombo. Hasta los seres humanos, como Aurelia de *La Nardo*, llegan a formar parte de la serie de trastos del Rastro.

Con Valle-Inclán, Ugarte introduce el Madrid bohemio (capítulo 5, 'Madrid, Capital of Bohemia: Ramón del Valle-Inclán'). Enfatiza la teatralidad de la figura del escritor, que convertía su vida en arte, como hizo con la historia de su brazo cortado. Concluye que Valle-Inclán, que se resistió a toda comercialización, no consiguió vender otra cosa que no fuera él mismo. En *Luces de Bohemia*, Madrid coincide con sus márgenes. Pero la sórdida realidad sociológica es enfocada desde el esperpento, que eleva lo callejero al nivel de una categoría estética, sin que se requieran grandes intervenciones por parte del autor. Así Ugarte puede decir que para Valle, bastaba con salir a la calle para encontrar el esperpento: "Valle's aesthetic statement seems to be that for modernist deformation, one need go no further than the street". (145) El último capítulo, 'Madrid's Grand Country Bumpkin: Azorín' trata de la función de Madrid en la obra del autor, presentado tradicionalmente como pintor de la aldea. Ugarte se interesa por las 'miniaturas' de Madrid en las tres novelas protagonizadas por Antonio Azorín, en que el narrador - al tiempo de criticar la ciudad - no se muestra insensible a sus placeres sensoriales y se recrea en la visión de ambientes madrileños. Ugarte pone de relieve el papel importante del tren, que permite a los personajes alejarse de y volver a la capital y así subraya la vacilación y la incertidumbre características del narrador.

Después de leer *Madrid 1900* podemos afirmar que el autor guarda su promesa inicial: vemos cómo la historia de Madrid está presente en las obras estudiadas, pero no a modo de reflejo, sino como factor de estructuración. La dinámica de los cambios sociopolíticos y culturales hacen de Madrid un signo complejo que los textos literarios ayudan a leer. Además, el libro de Michael Ugarte proporciona unos análisis sofisticados de un conjunto de obras y personajes que va más allá de la tradicional selección canónica. Son precisamente estos análisis los que han constituido la parte más placentera de nuestra lectura y a cuya sutileza no puede hacerse la debida justicia en una reseña. El libro contiene pistas sugerentes para los que quieran enfocar desde el "nuevo historicismo" la necesaria relación/compenetración entre los 'textos' literarios y sus 'contextos'.

En *Sexo y política: lecturas galdosianas*, John Sinnigen se propone analizar "la mutua articulación de unos conceptos de sexo y género, de clase social, de la nación, del imperio y de la metaficción en doce novelas de Galdós, desde *La familia de León Roch* (1878) hasta *La loca de la casa* (1892)." (11) El autor dedica la introducción a la exposición de su postura teórica. Define muy claramente su posición en el debate de la crítica cultural, afirmando que "sigue en la línea de otros comentaristas culturales que sostienen la continuidad en la ruptura entre lo moderno y lo posmoderno." (16) Sinnigen se interesa particularmente por la articulación de los problemas psíquicos con los sociales. Utiliza la crítica feminista como 'interface' entre el polo social - enfocado mediante la crítica sociohistórica - y el polo individual - a través de la crítica psicoanalítica. Sinnigen no se esconde el carácter especulativo de esta última pero la reivindica por el enriquecimiento de la experiencia textual que permite (36). En la articulación de lo social con lo psicosexual interviene necesariamente la situación histórica y la biografía del autor.

John Sinnigen se ha diseñado un programa ambicioso, amparado en un espectro teórico de tal magnitud que uno podría temer que el análisis quede aplastado por él. No es el caso. La riqueza del texto galdosiano queda puesta de relieve, una vez más, a través de la riqueza sinfónica del enfoque de Sinnigen. Sinnigen consigue convencer a sus lectores - por si hiciera falta - que Galdós, Marx y Freud no hablaban desde galaxias distintas.

Las doce novelas elegidas por el autor se publicaron entre 1878 y 1892 y pertenecen a las más estudiadas del elenco galdosiano. Además de su bibliografía teórica, Sinnigen incorpora los estudios relevantes sobre las novelas en cuestión. Los capítulos dedicados a las novelas varían en extensión entre unas ocho y unas cuarenta páginas; el más largo trata de *Fortunata y Jacinta*.

Sinnigen pone de relieve "la mutua articulación de problemas sociales y sexuales, personales y políticos" (117) en el magnum opus galdosiano. El crítico parte de la "doble inscripción de la diferencia de sexo y de clase" (ibídem), generadora de los conflictos que ponen en marcha la acción de la novela. La parte I se sitúa en el mundo burgués de Juanito y se enfoca desde la ideológica dominante. La polaridad principal es la que opone Juanito, el hombre burgués, sujeto, a Fortunata, la mujer del pueblo, doblemente objeto. Pero también es foco de tensión la oposición entre Fortunata, querida, y Jacinta, esposa, complicada por el hecho de que a Jacinta le falta el hijo que ha tenido Fortunata:

> la división que debe ser esposa-madre/querida viene a ser esposa/querida-madre. Ni Fortunata ni Jacinta aceptan esta situación, y a la larga las dos buscan en el niño la superación del cariño inconstante del hombre. (126)

La inestabilidad erótica corre parejas con la inestabilidad política: en el relato de Villalonga se alterna la vuelta de Fortunata con el golpe de Pavía. Las partes II y III nos llevan "hacia las márgenes y las otredades" (ibídem) donde también se intenta domesticar a Fortunata. El enfrentamiento entre Fortunata y Jacinta es "una rebelión de clase expresada en términos sexuales." (130) Fortunata persiste en su identidad de mujer obrera, pero si pudiese ocupar el lugar de Jacinta, piensa que cumpliría mejor, porque sería madre además de ser esposa. El proceso evolutivo de Fortunata desemboca en la "pícara idea", que va a legitimarla como madre, luego, verdadera esposa. Ahora es Juanito quien se va a convertir en objeto de Fortunata. La cuarta parte se centra en Fortunata y su hijo, que va a concretizar la solidaridad entre las dos protagonistas.

Nos han interesado mucho las dos lecturas que hace el crítico del final de la novela. La alianza entre las dos protagonistas, entre la burguesa y la obrera, podría causar una fisura en el bloque patriarcal y capitalista; el sacrificio de Fortunata constituiría una redención social. Pero al mismo tiempo surge la represión de la utopía: el niño - evidentemente de sexo masculino - causa la eliminación de Fortunata y su 'peligrosidad social' de transgresora de las barreras entre las clases y Jacinta se encierra en su papel de madre adoptiva. El orden patriarcal y burgués queda a salvo. En su descripción del futuro de Jacinta Sinnigen escribe una frase, sin embargo, que nos ha hecho saltar: "la afirmación de su independencia es también una renuncia a esa mínima parcela de placer heterosexual que las obligaciones conyugales de su marido le prestasen." (137) ¿'Wishfull thinking' al revés de un crítico que, por otra parte, dialoga de manera constructiva con las corrientes feministas?

Nos parece convincente la interpretación de Sinnigen de un motivo recurrente - no solo en las *Novelas contemporáneas* sino también en los *Episodios nacionales* -: el del 'árbol social'. Los narradores ofrecen la imagen de una sociedad en la que los diferentes grupos están interconectados y que permite la circulación de los individuos. En *Fortunata y Jacinta* se pone de relieve la ausencia de las clases populares en esa "confusión de clases": el "cuarto estado", visitado por Jacinta, no es una rama del árbol social. Por consiguiente, la imagen resulta falsa.

Sinnigen se refiere también a la 'novela familiar' de Galdós: tanto José María Bueno de Guzmán (*Lo prohibido*) como Alejandro Miquis (*El doctor Centeno*), Juanito Santa Cruz y el propio don Benito son "herederos irresponsables" (148) porque en vez de aumentar el patrimonio familiar y contribuir a la prosperidad nacional, dilapidan sus herencias. Como estos personajes, en una especie de adolescencia prolongada, Galdós sigue siendo hijo y amante y no se convierte en marido y padre. La madre del autor muere cuando está trabajando en su novela más importante. Esta muerte coincide con la creciente desilusión con la Restauración. En *Fortunata y Jacinta* vemos cómo se compenetran ambas crisis.

Estimamos que los que se interesan por el juego entre 'texto' y 'contexto' galdosiano no podrán ignorar las aportaciones de Sinnigen. En ese sentido lamentamos la ausencia de una conclusión que podría constituir un punto de partido para estudiar la obra posterior de Galdós. Hay que recordar que la mitad de la obra galdosiana (la menos canónica, es cierto) fue publicada entre 1898 y la muerte del autor en 1920. Se merecería este tipo de análisis en que se articulan convincentemente lo social y lo individual, lo personal y lo político.

Siguiendo los hilos. Estudio de la configuración discursiva en algunas novelas del siglo XIX de María Paz Yáñez reúne varios estudios de la autora, algunos de los cuales ya fueron publicados con anterioridad. Como se explica en la introducción, la "configuración discursiva" (14) es un término de Greimas que sirve para comprender el amplio espectro de elementos recurrentes en los textos literarios. Metodológicamente el trabajo de Yáñez se sitúa en el marco de la poética (post)estructuralista. El propósito de la autora es mostrar cómo los elementos recurrentes funcionan "a la vez de engranaje estructural y de soporte de los valores del discurso". (15) El análisis de la evolución de una configuración discursiva a lo largo de un texto puede servir para descubrir las marcas que indican la segmentación discursiva. El estudio de la presencia de una configuración discursiva a lo largo de la trayectoria literaria de un autor permite iluminar la poética en construcción de dicho autor. El libro proporciona ejemplos de ambos enfoques. La estructura no sigue la cronología de los autores, sino el doble enfoque sobre la configuración discursiva. Como casos de la configuración en el interior de un texto figura en primer lugar el espacio geográfico, en un capítulo dedicado a 'Emilia Pardo Bazán: *Un viaje (de novios)* por la literatura europea'. La protagonista sale de un cuadro costumbrista, es introducida en un universo romántico y observa el ambiente naturalista, para volver a sus orígenes "con una lección aprendida, pero sin perder su identidad". (52) El tránsito por los diversos ambientes corre paralelo con las sucesivas etapas del viaje de novios: España, Bayona, Vichy. El lugar adecuado para la segmentación es París, donde la protagonista integra y transforma las experiencias sufridas y los ambientes literarios asociados a ellas y termina su iniciación. María Paz Yáñez pone de relieve el papel metafórico de la heroína, cuya aventura relaciona con la trayectoria que Emilia Pardo Bazán quiere realizar en la literatura: la integración y la asimilación de lo antiguo y de lo moderno, de lo observado dentro y fuera de España en función de una estética propia. Otras configuraciones estudiadas en el marco de una sola obra son el espacio geométrico ('Clarín y las vacilaciones de la línea vertical'), el arquetipo cultural ('La estructura carnavalesca de *El sombrero de tres picos*') y el relato autorreferencial ('Fernán Caballero: del cuento a la novela').

La segunda parte del libro está dedicada a la configuración a través de la obra de Galdós. Es evidente que la novelística galdosiana daría para mucho más, pero los casos escogidos son significativos y tratados de modo interesante. La 'Trayectoria de una metonimia (1878-1887)' trata de la transformación del pie femenino en figura retórica. La crítica observa la casi ausencia de pies desnudos y la abundancia de pies calzados en la novelística galdosiana. Destaca la significación social y sobre todo erótica del calzado femenino a partir de *La familia de León Roch*. Es interesante observar hasta qué punto la lectura poetológica de Yáñez, atenta a variaciones miscroscópicas en el nivel textual a partir de las cuales se interesa por el nivel discursivo donde se juegan los valores ideológicos, llega a coincidir con la de Sinnigen, que llega al texto a través del marco teórico feminista y psicoanalítico y enfoca el fetichismo de las botas de las heroínas galdosianas.

En 'El personaje-anáfora (1898-1900)' la autora problematiza la función de Saloma "La Baturra", un personaje de la tercera serie de los *Episodios Nacionales*, que carece a primera vista de importancia pero que puede considerarse emblemática de la empresa de toda la serie, que trata de los años de apogeo y decadencia del romanticismo. El protagonista de la primera serie de la novela, Fago, confunde a Saloma con su amada que lleva el mismo nombre. Cinco episodios más tarde, Fernando Calpena, en búsqueda de Aura Negretti, cree haber dado con su pista pero se trata otra vez de Saloma. Nos enteramos de las circunstancias de la muerte de la mujer en la penúltima novela de la serie, *Vergara*. Es una figura del equívoco y lazo de unión entre Fago, auténtica encarnación del espíritu romántico vital, y Calpena, que encarna el romanticismo convertido en literatura. Ambos personajes masculinos se han lanzado tras una pista falsa, tan falsa como la literatura que queda después de la muerte de la esencia romántica.

'La conjunción de dos configuraciones (1876-1878)' estudia la búsqueda de una poética en las primeras novelas contemporáneas a través de dos configuraciones, la de la mina y la de la pareja. En *Doña Perfecta*, *Gloria* y *La familia de León Roch*, las parejas que aspiran a formar una familia terminan en la muerte y/o la locura. La alternativa, vislumbrada en la última novela, sería una familia como la que podrían formar León Roch, Pepa Fúcar y Monina, "una mujer sin lazos legales y una hija sin lazos sanguíneos" (189), basada únicamente en el amor y en la mutua comprensión. Este tipo de familia equivaldría, en el nivel histórico, a una sociedad más abierta al diálogo. Parte de la responsabilidad del fracaso incumbe, sin embargo, a los protagonistas portadores del discurso progresista privilegiado por el texto, faltos de prudencia, como Pepe Rey, o de voluntad, como León Roch. Este último es ingeniero de minas, lo que nos lleva a la segunda configuración. Pero León no ejerce su profesión y cuando quiere investigar las profundidades de su esposa, fracasa lamentablemente. Donde más importancia cobra la figura de la mina es, evidentemente, en *Marianela*. La mina llamada La Terrible ha sido agotada y abandonada después, como una herida abierta en el paisaje, mientras que la mina inasequible, la Trascava, es un espacio mágico y poético, el de Marianela, que comunica con su madre muerta a través de ella. La ciencia que explota las profundidades ha curado al ciego Pablo pero ha dañado a Marianela. Esta es la única que entra en contacto con lo inexplorado mágico, sin dañarlo. La autora combina los dos motivos del modo siguiente:

> Siguiendo una lectura histórica, la mina significa el fondo de unos errores que habría que transformar desde sus orígenes y que sólo torpemente y con violencia se han combatido, orígenes que remiten a la pareja y desde la pareja deben ser reformados. Una lectura literaria nos revela, además, el doble significado de la mina, por un lado reserva de tesoros naturales (poesía) y, por otro, como la pareja, figura de comunicación, esta vez de una comunicación en profundidad, esa profundidad que debe presentar todo texto literario, concebido para realizarse en un proceso de comunicación, en la lectura. (203)

En su conclusión, la autora hace hincapié en la necesidad de acompañar el estudio de la evolución ideológica de un autor con el de su evolución estética a través de la transformación de las unidades discursivas recurrentes en su obra. Este enfoque retórico tiene en cuenta el momento histórico ya que ciertas configuraciones discursivas asumen valores que pertenecen en exclusivo a un período determinado, como por ejemplo el fetichismo del pie y del calzado. María Paz Yáñez ha demostrado con el ejemplo la pertinencia de una aproximación retórica rigurosa que no pierde de vista los aspectos contextuales de las obras literarias. El tono vivo y el sentido del humor de la autora contribuyen no poco a hacer grata la lectura de su libro.

Margarita O'Byrne Curtis ha dedicado su tesis doctoral, ahora publicada en forma de libro, a *La razón de la sinrazón: la configuración de la locura en la narrativa de Benito Pérez Galdós*. Su punto de partida acerca de la locura es la teoría de Soshana Feldman, según la que la locura no es algo que se asocia con un estado de salud sino un rasgo inherente a todo discurso lingüístico, a causa de la imposibilidad de parar la cadena de los significantes y de acoplarlos a significados fijos. Hay una diferencia entre lo que el discurso dice que hace y lo que hace de verdad. Margarita O'Byrne Curtis quiere mostrar cómo en el texto galdosiano están presentes tanto la mímesis tradicional de la novela realista, que pretende representar la realidad, como la autorreferencialidad típica de la novela (pos)moderna, que cuestiona la credibilidad de la representación. En la novela galdosiana, la crítica revela, por un lado, la existencia de un discurso explícito, reductor, positivista, que condena la locura y, por otro, unas manifestaciones de la locura como una fuerza lúcida y creadora, que subvierten el mensaje de superficie.

El primer capítulo trata de la que es probablemente la primera novela de Galdós, y se titula 'La sombra: del "loco asombrado" al asombramiento del narrador'. El análisis es emblemático de los que siguen. La crítica descubre cómo el narrador, representante del discurso dominante y por lo tanto escéptico frente a las extraordinarias vivencias del doctor Anselmo, no pierde, sin embargo, ninguna de sus palabras. Poco a poco, se deja contaminar, en la estructura y en los detalles de su relato, por el discurso del loco.

El segundo capítulo, '"Un limbo enmascarado de mundo": la imagen oficial o positivista de la locura', procura un estado de la cuestión acerca de la ideología psiquiátrica del siglo XIX. A primera vista, la representación galdosiana parece encajar perfectamente en la ideología oficial, que vehicula una visión degradante y excluyente de la locura en la sociedad urbana. Pero esta aparente degradación queda subvertida por "un proceso de dignificación - o neutralización - indirecto" (60) del loco en el universo galdosiano, que quedará expuesto en los capítulos siguientes. El tercer capítulo estudia 'El loco en la ciudad: Madrid o la locura del "texto" urbano' y resulta interesante tener en cuenta al leerlo el panoramo polifacético esbozado por Michael Ugarte, que también llega a la conclusión de que el universo urbano se resiste a respetar los compartimientos trazados en los proyectos urbanísticos. La ciudad decimonónica se fragmenta y excluye al loco; lo remite a espacios específicos y lo excluye, lo castiga y lo encierra de la misma manera en que la fábrica y el taller reprimen y esclavizan al trabajador. Pero se trata de un objetivo que no se consigue: los locos siempre vuelven. A cada espacio se le asigna una función específica, pero la especialización de los espacios fracasa: en las escuelas no se enseña, los tribunales no hacen justicia, en las iglesias no se reza. Del mismo modo que en la lengua no se pueden asignar significados fijos a los significantes, es imposible atribuir funciones estables a los edificios y los barrios; luego la ciudad, como el texto, lleva dentro su propia locura. Hay espacios privilegiados donde se mezclan todas las categorías sociales y mentales: el café y, sobre todo, la calle. Los locos no aceptan la asignación a ningún lugar fijo: caminan, callejean, flanean, pasean... No existen ni la ciudad ni el texto perfectamente 'legibles'.

El capítulo cuarto, sobre 'El loco y el trabajo: "polilla del orden social", centro de la fábrica narrativa' continúa este mismo tipo de razonamiento. La sociedad positivista desprecia al alienado por su incapacidad de todo trabajo positivo. Los santos galdosianos - Nazarín, Halma - y los nostálgicos del Antiguo Régimen - Rafael del Aguila - , presentados con simpatía en las novelas, se encuentran, como los locos, en la marginalidad, porque tampoco les interesa trabajar, ahorrar y enriquecerse. Resulta que los que defienden con mayor entusiasmo la moral del trabajo - por ejemplo, Ramón de Villaamil en *Miau* - resultan marginados y que si hay algo que no funciona en absoluto en la sociedad madrileña del XIX es precisamente la moral del trabajo. Cuerdos y locos se parecen en su afán de trabajar lo menos posible: las posiciones 'céntricas' y 'periféricas' resultan, pues, altamente inestables. La retórica del contraste subyace también a los siguientes capítulos: el quinto, dedicado a 'El teatro de los locos: del espectáculo de la locura a la vida como espectáculo loco', y el sexto, titulado 'Espacio, figura e indumentaria del loco: la dispersión de las señas de identidad'. La crítica pone de relieve el papel desempeñado por el loco en una sociedad teatral donde resulta espinoso distinguir entre la verdad y la apariencia. Los rasgos de histerismo y exhibicionismo, tradicionalmente asignados a los alienados, son compartidos por cuerdos y locos. Las "señas de identidad" (194) del loco no le son exclusivas ya que se ven distribuidas entre todo el elenco de personajes galdosianos.

El último capítulo se dedica a 'La locura y las palabras: "Los locos no dicen más que disparates"'. No puede sorprendernos que este enunciado del discurso dominante quede minado a continuación. Por un lado, las palabras de los locos "se desprestigian porque no dicen nada o dicen demasiado", por otro se reivindican "al constituirse como auténticos núcleos de los relatos que las contienen, como portavoces de la verdad narrativa, (...) por su valor performativo" (211), teniendo en cuenta, además, la impotencia del lenguaje oficial y burocrático.

Lo que nos lleva a relativizar los hallazgos de la crítica semiótica que se empeña en poner de relieve la (pos)modernidad de un autor como Galdós haciendo hincapié en la autorreferencialidad de su discurso, es la presentación a mi parecer desenfocada del punto de partida de esta crítica. Se suele partir de una imagen de un Galdós más o menos ingenuo, convencido de practicar una mímesis más o menos transparente, representante ortodoxo del realismo decimonónico, para llegar a la conclusión de que este mismo autor, a sabiendas o inconscientemente, escribe textos que hablan de sí mismos. Este descubrimiento 'justificaría' que un crítico postmoderno siga preocupándose de un autor realista. Nuestra presentación, lo admitimos, puede parecer algo caricaturesca. Creemos que, desde siempre, los lectores, cualesquiera fueran sus presupuestos críticos, se han dado cuenta que había una corriente subyacente a los discursos de superficie. Allí están para atestiguarlo, por ejemplo, las polémicas alrededor del protagonista de *Miau*. Nadie leería a los novelistas realistas o naturalistas si sus mundos textuales fuesen tan unívocos y transparentes, tan conformes a la moral positivista como a veces se pretende. Es evidente que con la ideología oficial no se hace nada interesante en literatura; a lo sumo una novela de tesis o del género rosa.

Estas reflexiones sólo valen para el pretendido 'efecto sorpresa' con el que se presenta la información en el libro de Margarita O'Byrne, cuando resulta que el loco no lo es tanto, la moral del trabajo no tan funcional como pudiera parecer, etcétera, no a sus sofisticados análisis. Nos ha parecido convincente su tratamiento de la locura, no como una temática limitada a la psicología de unos personajes, sino como un fenómeno lingüístico que pervade todos los niveles de análisis y que plantea un reto interpretativo al lector.

COLABORAN

Lieve Behiels, Koopvaardijlaan 7, B-9000 Gent. Bélgica. (Katholieke Vlaamse Hogeschool, Sint-Andriesstraat 2, B-2000 Antwerpen. Bélgica.)

Isidor Cònsul, Universitat de Vic, Passatge Carbonell, 13, C-13, 08960 Sant Just Desvern, España.

Germán Gullón, Universiteit van Amsterdam, Vakgroep Spaans, Spuistraat 134, 1012 VB Amsterdam, Países Bajos.

Andreu van Hooft, Universiteit Nijmegen, Faculteit der Letteren, TCI - BCL, Erasmusplein 1, k. 5.18A, 6525 HT Nijmegen, Países Bajos.

Antonio Jiménez Millán, Dep. de Filología Española y Filología Románica, Universidad de Málaga, 29071 Málaga, España.

Jon Kortazar, Universidad del País Vasco, Urkixoko Markesaren kalea z/g, 01006 Vitoria-Gasteiz, España.

Robin Lefere, Université de Bruxelles, CP 175, 50 avenue F.Roosevelt, 1050 Bruxelles, Bélgica.

Luciano Rodríguez, Universidade da Coruña, Facultadade de Ciencias de la Educación, Paseo de Ronda, 47, 15011 A Coruña, España.

Colaboradores en la encuesta

Jesús María Barrajón, Sección de Filología, Universidad Castilla-La Mancha, Paseo de la Universidad, 4, 13071 Ciudad Real, España.

Óscar Barrero Pérez, Departamento de Filología Española, Universidad Autónoma de Madrid, 24049 Madrid, España.

Laureano Bonet, Dep. de Filologia Hispànica - Literatura, Universitat de Barcelona, Gran Via de les Corts Catalanes, 585, 08071 Barcelona, España.

Enric Bou, Hispanic Studies, Box 1961, Brown University, Providence, RI 02912, EE.UU.

Mercedes Brea López, Departamento de Filoloxía Galega, Universidad de Santiago de Compostela, 15705 Santiago de Compostela, España.

Carlos Brito, Departamento de Filología Española, Universidad de la Laguna, Campus Central, 38207 La Laguna, España.

Arturo Casas, Dep. de Literatura Española, Universidad de Santiago de Compostela, 15705 Santiago de Compostela, España.

Antonio Chicharro Chamorro, Dep. de Filología Española - Literatura, Universidad de Granada, Campus Universitario de Cartuja, 18071 Granada, España.

José María Díez Borque, Departamento de Filología Española - Literatura, Universidad Complutense de Madrid, Ciudad Universitaria, 28040 Madrid, España.

Josep Maria Domingo Clua, Departament de Filologia Catalana, Universitat de Barcelona, Gran Via de les Corts Catalanes, 585 08071 Barcelona, España.

Luis Miguel Fernández, Departamento de Filología Española, Universidad de Santiago de Compostela - Campus Lugo, Polígono de Cingoy s/n, 27071 Lugo, España.

Santiago Fortuño Llorens, Universitat Jaume I, Departament de Filologia, Campus de la Carretera de Borriol - Edifici C, 12071 Castelló, España.

Helena González Fernández, Departamento de Filología Románica, Secció Filologia Gallega i Portuguesa, Universitat de Barcelona, Gran Via de les Corts Catalanes, 585, 08071 Barcelona, España.

Carmen Herrero, Manchester Metropolitan University, Faculty of Humanities and Social Science, Department of Lenguages - Mabel Tylecot Building, Cavendish Street, Mancherster M15 6BG, Inglaterra.

Antonio Jiménez Millán, Departamento de Filología Española y Filología Románica, Universidad de Málaga, Campus Universitario, 9071 Málaga, España.

Francisco Lafarga, Facultat d' Humanitats, Universitat Pompeu Fabra, Balmes, 132, 08008 Barcelona, España.

Jordi Llovet, Dep. de Filologia Catalana, Universitat de Barcelona, Gran Via de les Corts Catalanes, 585, 08007 Barcelona, España.

Francisco López Estrada, Profesor emérito de la Universidad, Complutense de Madrid, Dr. Federico Rubio, 57, A, 2º izqda.
28040 Madrid, España.

José Carlos Mainer, Departamento de Filología Española (Literatura), Facultad de Filosofía y Letras, Universidad de Zaragoza, Pedro Cerbuna, 12, 50009 Zaragoza, España.

Javier Medina López, Departamento de Filología Española, Universidad de la Laguna, Campus Central, 38207 La Laguna, España.

Enric Miralles García, Departamento de Filología Española, Universitat de Barcelona, Gran Via de les Corts Catalanes, 585, 08071 Barcelona, España.

Joan Miralles i Montserrat, Dep. de Filologia Catalana i Lingüística General, Universitat de Palma de Mallorca, Crta. De Valldemossa, km 7,5. 07071 Palma de Mallorca, España.

Josep Murgades Barceló, Departament de Filologia Catalana, Universitat de Barcelona, Gran Via de les Corts Catalanes, 585, 08071 Barcelona, España.

Rosa Navarro Duran, Departamento de Filología Española, Universitat de Barcelona, Gran Via de les Corts Catalanes, 585, 08071 Barcelona, España.

Isabel Paraíso, Sección de Filología Española, Universidad de Valladolid, Plaza de la Universidad 1, 47002 Valladolid, España.

Manuel Pérez Saldanya, Departament de Filologia Catalana, Universitat de València, Avinguda de Blasco Ibáñez, 28, 46010 València, España.

Ángel L. Prieto de Paula, Dep. de Filología Española - Literatura, Universidad de Alicante, Crta. San Vicente del Raspeig, s/n, 03690 San Vicente (Alicante), España.

Carlos Quiroga, Departamento de Filoloxía Galega, Universidad de Santiago de Compostela, 15705 Santiago de Compostela, España.

Xosé Luís Regueira, Departamento de Filoloxía Galega, Avda. Castelao s.n., 15706 Santiago de Compostela, España.

Carlos de la Rica, Miembro de la Real Academia Conquense (†), Marqués de Moya, 2, 16350 Carboneras del Guadazaón (Cuenca), España.

Álvaro Ruiz de la Peña Solar, Dep. de Filología Española - Literatura, Universidad de Oviedo, Teniente A. Martínez s/n, 33003 Oviedo, España.

Eva Valcárcel, Departamento de Filología Española, Universidad de la Coruña, 15071 La Coruña, España.

Dolores Vilavedra Fernandez, Departamento de Filoloxía Galega, Universidad de Santiago de Compostela, 15705 Santiago de Compostela, España.

Darío Villanueva, Departamento de Literatura Española, Universidad de Santiago de Compostela, 15706 Santiago de Compostela, España.

Títulos publicados de *Foro Hispánico*:

FORO 1 (1991):   La nueva novela histórica hispanoamericana. (agotado)

FORO 2 (1991):   Exploraciones semánticas y pragmáticas del español.

FORO 3 (1992):   Contactos entre los Países Bajos y el mundo ibérico.

FORO 4 (1992):   Discurso colonial hispanoamericano.

FORO 5 (1993):   La mujer en la literatura hispánica de la edad media y el siglo de oro.

FORO 6 (1993):   Aproximaciones a cuestiones de adquisición y aprendizaje del español como lengua extranjera o lengua segunda.

FORO 7 (1994):   La sociedad andalusí y sus tradiciones literarias.

FORO 8 (1994):   Lingüística y estilística de textos.

FORO 9 (1995):   Literatura chicana.

FORO 10 (1996):   Iberoamérica y el cine.

FORO 11 (1997):   El relato breve en las letras hispánicas actuales.

FORO 12 (1997):   Periodismo y literatura.

FORO 13 (1998):   Sociolingüística: Lenguas en contacto.

Para suscripciones y para pedidos de números atrasados, dirigir correspondencia a la casa editorial Rodopi.

Títulos en preparación:

FORO 15 (1999):   Asimilaciones y rechazos: presencias del romanticismo en el realismo español del siglo XX.

FORO 16 (1999):   'Hechos diferenciales' y convivencias interétnicas en España.

Títulos publicados de *Portada Hispánica*:

- Jean O'Bryan-Knight, *The Story of the Storyteller: La tía Julia y el escribidor, Historia de Mayta, and El hablador by Mario Vargas Llosa.*

- Antonio Pérez-Romero, *Subversion and Liberation in the Writings of St. Teresa of Avila.*

- Rita Gnutzmann, *La novela naturalista en Argentina (1880-1900).*

- Catherine Raffi-Béroud, *En torno al teatro de Fernández de Lizardi.*

Título en preparación:

- José Aragüés Aldaz, *Deus Concionator. Mundo predicado y retórica del 'exemplum' en los siglos de oro.*

JAVIER APARICIO MAYDEU

Calderón y la máquina barroca
Escenografía, religíon y cultura
en 'El José de las mujeres'

Amsterdam/Atlanta, GA 1999. 295 pp.
(Texto y Teoría : Culturales 28)
ISBN: 90-420-0795-8   Hfl. 120,-/US-$ 66.50
ISBN: 90-420-0785-0   Hfl. 55,-/US-$ 30.50

Calderón y la máquina barroca se vale de un drama calderoniano de enorme interés por su sincretismo, *El José de las mujeres*, que se da a conocer en edición crítica y anotada, para asediar la cultura del Barroco desde una perspectiva pluridisciplinar. El lector descubrirá la interacción de códigos que operan en el teatro del seiscientos haciendo de éste una "máquina barroca", un
mecanismo de integración cultural que crea un polisistema formado por varios códigos literarios - oratoria sagrada, petrarquismo o disputatio escolástica -, códigos mixtos -emblemática o textos diagramáticos de propaganda fide - y códigos no verbales como la música, la escenografía y la pintura, y manifestaciones de metateatro y de transtextualidad que ilustran la seductora complejidad del Barroco en manos de Calderón.
Pero el libro es también un estudio del género de la "comedia de santos" barroca, situándolo en el conjunto de la obra calderoniana, valorando su carácter de evangelización y de especulación teológica a un tiempo, y analizando sus métodos escénicos de control del sentimiento religioso en un espectáculo de conjunto más propicio para la carnavalización. Por último, *Calderón y la máquina barroca* le proporciona al lector del teatro español del Siglo de Oro una edición del drama con anotación escenográfica en la que se solventan los problemas de la puesta en escena en cada caso, y se pormenoriza el funcionamiento de cada tramoya y movimiento escénico, facilitándole al lector la reconstrucción de un montaje imaginario.
Un libro para estudiosos de la cultura del Siglo de Oro y para interesados en el entramado de manifestaciones culturales del Barroco, que se dan de modo simultáneo en *El José de las mujeres*, una pieza que también revela la mirada moderna con la que Calderón vio el mundo.

Editions Rodopi B.V.

USA/Canada: 2015 South Park Place, Atlanta, GA 30339, Tel. (770) 933-0027, *Call toll-free* (U.S.only) 1-800-225-3998, Fax (770) 933-9644

All Other Countries: Tijnmuiden 7, 1046 AK Amsterdam, The Netherlands. Tel. ++ 31 (0)20 6114821, Fax ++ 31 (0)20 4472979
E-mail: orders-queries@rodopi.nl —— http://www.rodopi.nl

ALEPH

Revista de literatura luispanoamericana

Número 1: *Literatura mexicana*
 Estudios: Alick Berkin. Patricia de la Cruz. Jacqueline Van Praag. Tine Verfaillie. Peter Venmans. Juan Villoro
 Temas: Rosario Castellanos. Carlos Fuentes. Juan Rulfo

*Número 2: *Literatura peruana*
 Estudios: Jacques Joset. Yolanda Montalvo Aponte. Julio Ramón Ribeyro. Ervin Snauwaert. Aline Rousseau. Dirk Verbruggen
 Temas: José María Arguedas. Bryce Echenique. Julio Ramón Ribeyro. Mario Vargas Llosa

Número 3: *Homenaje a Jorge Luis Borges*
 Estudios: Bruno Bosteels. Inés Malinow. Saúl Yurkievich. Jacqueline Van Praag-Chantraine

Número 4: *Literatura e historia en América Latina. Literatura uruguaya*
 Estudios: Luis Block de Behar. Patrick Collard. Elsa Dehennin. Nicasio Perera San Martín. Luz Rodríguez Carranza. Arturo Sergio Visca. Peter Venmans
 Temas: La crítica. Mario Benedetti. Alejo Carpentier. Carlos Fuentes. Cristina Peri Rossi. Armonía Somers

Número 5: *Literatura cubana*
 Estudios: Françoise Géron. Nadia Lie. . Rita de Maeseneer. Hildegard Vermeiren
 Temas: Casa de las Americas. Alejo Carpentier. Lisandro Otero

Número 6: *Realismo-realismos*
 Estudios: Pablo Catalán. Francine Colling. Jacques Joset. Ilse Logie. Anne Petit. Jean-Pierrre Ressot
 Temas: José Donoso. Carlos Fuentes. Manuel Puig. Horacio Quiroga

Número 7: *Mario Vargas Llosa*
   Estudios: Sylvia Beauduin. Francis Cromphout. Marie-Madeleine Gladieu. José Miguel Oviedo.

Número 8: *Literatura chilena actual*
   Estudios: José Correa Canuroaga. Christine Defoin. Jacques Joset. Marco Antonio de la Parra C.. Luz Rodríguez-Carranza. Waldo Rojas.
   Temas: José Donoso. Jaime Hagel

Número 9: *Literatura mexicana de hoy*
   Estudios: José Agustín. Jacqueline Covo. Carlos Monsiváis. Sergio Pitol. Luz Rodríguez Carranza. Juan Villoro.
   Eraclio Zepeda

Número 10: *Juan Carlos Onetti. Manuel Puig*
   Estudios: Fernando Aínsa. Anne Cécile Conrardy. Nadrine Dejong. Geneviève Fabry. Ilse Logie. Sonia Mattalia.

Número 11: *El Caribe*
   Estudios: A. Barrera Vidal. Rita de Maeseneer. Y. Montalvo Aponte. Luz Rodríguez Carranza. Jasnune Vandorpe
   Temas: Alejo Carpentier. Guillermo Cabrera Infante. Rosario Ferré. Luis Palés Matos. Rómulo Gallegos

Número 12: *La autobiografía*
   Estudios: Geneviève Fabry. Robin Lefere. Magdalena Perkowska Alvarez. Ervin Snauwaerts
   Temas: J.L.Borges. A. Bryce Echenique. T.E. Martínez. M. Urrutia y P. Neruda

Solicitar los números a: Yolanda Montalvo Aponte
            Quai Mativa 54/082
            4020 Liège. Belgique
            Número de cuenta: 088-2168699-65

Precio por ejemplar + franqueo
            en francos belgas: 175
            en euros:
            en dólares: $ 5.00

* Número en espera de reimpresión

LEONARD ROSMARIN

When Literature becomes Opera
Study of a Transformational Process

Amsterdam/Atlanta, GA 1999. 160 pp.
(Chiasma 8)
ISBN: 90-420-0694-3   Hfl. 55,-/US-$ 30.50

Perhaps no other art form in the Western world has polarized opinion to the same extent as opera. While its devotees can be almost fanatical in their enthusiasm, its detractors will dismiss lyric theatre as an impossible hybrid. Literature and music undermine one another when brought together, they maintain. Their contempt for the genre is more often than not motivated by the supposedly mediocre quality of the librettos or scripts to which the works are set as well as the implausibility of characters singing instead of speaking their emotions. But what if these much maligned scripts provided composers with the raw material necessary to convert stereotypes into exemplary figures and place them in powerfully dramatic situations? What if the "unreality" of opera opened up gripping vistas onto the reality of human emotions? *When Literature Becomes Opera* strives to answer these questions by analyzing the artistic process through which literary texts are simplified then transformed into lyric dramas. Using as examples eight outstanding operas inspired by works of French writers (*Rigoletto, La traviata, Carmen, Thaïs, La Bohème, Tosca, Pelléas et Mélisande* and *Dialogues des Carmélites*), this study demonstrates that a libretto, like a film script, enters into a partnership with the art it serves: music. When the quality of the partnership is high, all of opera's liabilities that purists take pleasure in deriding become stunning assets.

Editions Rodopi B.V.

USA/Canada: 2015 South Park Place, Atlanta, GA 30339, Tel. (770) 933-0027, *Call toll-free* (U.S.only) 1-800-225-3998, Fax (770) 933-9644

All Other Countries: Tijnmuiden 7, 1046 AK Amsterdam, The Netherlands. Tel. ++ 31 (0)20 6114821, Fax ++ 31 (0)20 4472979
E-mail: orders-queries@rodopi.nl —— http://www.rodopi.nl

SOCIOLINGÜÍSTICA: LENGUAS EN CONTACTO

Bajo la dirección de Pieter Muysken

Amsterdam/Atlanta, GA 1999. 135 pp.
(Foro Hispánico 13)
ISBN: 90-420-0380-4   Hfl. 55,-/US-$ 30.50

Índice: ESTUDIOS: SOCIOLINGÜÍSTICA: LENGUAS EN CONTACTO. Pieter MUYSKEN: Presentación. Melissa G. MOYER: Entre dos lenguas: Contacto de inglés y español en Gibraltar. Marike POST: La situación lingüística del fa d'Ambô (Guinea Equatorial). Ewald HEKKING y Dik BAKKER: El otomí y el español de Santiago Mexquititlán (México): Dos lenguas en contacto. José Antonio FLORES FARFÁN: Hablar cuatrapeado: En torno al español de los indígenas mexicanos. Pieter MUYSKEN: Contacto lingüístico y coherencia gramatical: Castellano y quechua en los waynos de Perú.

Editions Rodopi B.V.

USA/Canada: 2015 South Park Place, Atlanta, GA 30339, Tel. (770) 933-0027, *Call toll-free* (U.S.only) 1-800-225-3998, Fax (770) 933-9644

All Other Countries: Tijnmuiden 7, 1046 AK Amsterdam, The Netherlands. Tel. ++ 31 (0)20 6114821, Fax ++ 31 (0)20 4472979
E-mail: orders-queries@rodopi.nl ⸺ http://www.rodopi.nl

NOMINALISM AND LITERARY DISCOURSE
New Perspectives
Ed. by Hugo Keiper, Christoph Bode and Richard J. Utz

Amsterdam/Atlanta, GA 1997. VI,370 pp.
(Critical Studies 10)
ISBN: 90-420-0288-3   Bound Hfl. 190,-/US-$ 105.50
ISBN: 90-420-0278-6   Paper Hfl. 55,-/US-$ 30.50

Influential accounts of European cultural history variously suggest that the rise of nominalism and its ultimate victory over realist orientations were highly implemental factors in the formation of Modern Europe since the later Middle Ages, but particularly the Reformation. Quite probably, this is a simplification of a state of affairs that is in fact more complex, indeed ambiguous. However, if there is any truth in such propositions - which have, after all, been made by many prominent commentators, such as Panofsky, Heer, Blumenberg, Foucault, Eco, Kristeva - we may no doubt assume that literary texts will have responded and in turn contributed, in a variety of ways, to these processes of cultural transformation. It seems of considerable interest, therefore, to take a close look at the complex, precarious position which literature, as basically a symbolic mode of signification, held in the perennial struggles and discursive negotiations between the semiotic 'twin paradigms' of nominalism and realism.
This collection of essays (many of them by leading scholars in the field) is a first comprehensive attempt to tackle such issues - by analyzing representative literary texts in terms of their underlying semiotic orientations, specifically of nominalism, but also by studying pertinent historical, theoretical and discursive co(n)texts of such developments in their relation to literary discourse. At the same time, since 'literary nominalism' and 'realism' are conceived as fundamentally aesthetic phenomena instantiating a genuinely 'literary debate over universals', consistent emphasis is placed on the discursive dimension of the texts scrutinized, in an endeavour to re-orient and consolidate an emergent research paradigm which promises to open up entirely new perspectives for the study of literary semiotics, as well as of aesthetics in general. Historical focus is provided by concentrating on the English situation in the era of transition from late medieval to early modern (c. 1350-1650), but readers will also find contributions on Chrétien de Troyes and Rabelais, as well as on the 'aftermath' of the earlier debates - as exemplified in studies of Locke and (post)modern critical altercations, respectively, which serve to point up the continuing relevance of the issues involved. A substantial introductory essay seeks to develop an overarching theoretical framework for the study of nominalism and literary discourse, in addition to offering an in-depth exploration of the 'nominalism/realism-complex' in its relation to literature. An extensive bibliography and index are further features of interest to both specialists and general readers.

Editions Rodopi b.v.
USA/Canada: 2015 South Park Place, Atlanta, GA 30339, Tel. (770) 933-0027, *Call toll-free* (U.S.only) 1-800-225-3998, Fax (770) 933-9644

All Other Countries: Tijnmuiden 7, 1046 AK Amsterdam, The Netherlands. Tel. ++ 31 (0)20 6114821, Fax ++ 31 (0)20 4472979
E-mail: orders-queries@rodopi.nl ----- http://www.rodopi.nl

AMALIA RODRÍGUEZ MONROY

La huelga de la cultura:
Cuatro ensayos sobre ética y literatura

Amsterdam/Atlanta, GA 1998. 245 pp.
(Texto y Teoría: Estudios Culturales 27)
ISBN: 90-420-0752-4   Hfl. 75,-/US-$ 41.50

Plantear el vínculo estrecho que une el texto literario a un ética donde la ciencia no usurpe su lugar al sujeto y al deseo es el objetivo último de *La huelga de la cultura*. Original lectura de cuatro textos maestros a partir de las teorías de Freud, Lacan, Bajtin, Derrida y otros pensadores. *Frankenstein* de Mary Shelley, *Cumbres borrascosas* de Emily Brönte, los relatos de Edgar Allen Poe y *Dr. Jekyll y Mr. Hyde* de R.L. Stevenson aportan una dimensión que nos obliga a repensar esa difícil y olvidada relación que hay entre la ciencia, el saber y la verdad. En sus resquicios surgen todos los fantasmas, los monstruos que en su reaparición vienen a recordarnos que "la realidad" que habitamos es una construcción ficticia y paradójica, en la que el factor central no es, como querría la ciencia, el conocimiento, la razón, sino el cuerpo, la pulsión. La distinción supone reconocer, con Lacan, que lo que domina en el humano es el sujeto que habla, sobre el sujeto que comprende. Es a la irrupción del cuerpo como signo en el campo del saber a lo que dedican estos ensayos especial atención, entendiendo que en esa conjunción significante se juega, precisamente, el destino humano.

Lo que este libro destaca es que si la cultura está hoy en huelga es porque la hemos aislado, convertido en un objeto más de consumo, en un instrumento alejado de toda perspectiva ética. Y la ética que persigue este análisis de los textos literarios contrasta con las propuestas tradicionales al poner en relación el acto y el deseo, al reconocer que el bien del sujeto no es un saber dado. Ética, pues, del acto que ha de juzgarse sólo en el marco del discurso en que el acto mismo se inserta.

Editions Rodopi B.V.

USA/Canada: 2015 South Park Place, Atlanta, GA 30339, Tel. (770) 933-0027, *Call toll-free* (U.S.only) 1-800-225-3998, Fax (770) 933-9644

All Other Countries: Tijnmuiden 7, 1046 AK Amsterdam, The Netherlands. Tel. + + 31 (0)20 6114821, Fax + + 31 (0)20 4472979
E-mail: orders-queries@rodopi.nl — http://www.rodopi.nl

JOSÉ ARAGÜÉS ALDAZ

Deus Concionator. Mundo predicado y retorica del *exemplum* en los siglos de oro

Amsterdam/Atlanta, GA 1999. 344 pp.
(Portada Hispanica 5)
ISBN: 90-420-0465-7 Hfl. 105,-/US-$ 57.50

Dios persuade por medio de ejemplos. Si las Sagradas Escrituras y el mensaje de Cristo abundan en parábolas y símiles, el mundo y la historia constituyen un eterno sermón, una *summa* de paradigmas propuestos al hombre para su custodia y consideración. Sentido como modelo artístico para el orador evangélico, ese discurso divino de carácter ejemplar justificó el recurso de la prédica a las formas breves, y su estudio constante desde todos los ámbitos preceptivos. Al análisis de la reflexión teórica sobre el *exemplum* en la España de los Siglos de Oro pretende contribuir este *Deus concionator*. El libro aborda inicialmente el complejo problema de la terminología sobre el género y tiene escalas en cuantos aspectos ayudan a comprender las razones de su pervivencia en el sermón renacentista y barroco: desde la tópica ejemplar, que indaga la tenue frontera entre *res* y *verba* inherente al paradigma y explora su especial afinidad con los modos de persuasión retórica, a la más sistemática preceptiva sobre sus formas y funciones en el discurso áureo. Una preceptiva que testimonia el influjo de las tesis oratorias grecolatinas y no menos el de ese "otro erasmismo" filológico de tan fecunda huella en nuestras letras. El estudio concluye con un capítulo dedicado a los matices de la compilación de las formas breves en la época, eje de ese itinerario que nace de un Dios sentido como primer predicador y a Él conduce a partir de la observación y lectura de todo lo creado.

Editions Rodopi B.V.

USA/Canada: 2015 South Park Place, Atlanta, GA 30339, Tel. (770) 933-0027, *Call toll-free* (U.S.only) 1-800-225-3998, Fax (770) 933-9644

All Other Countries: Tijnmuiden 7, 1046 AK Amsterdam, The Netherlands. Tel. + + 31 (0)20 6114821, Fax + + 31 (0)20 4472979
E-mail: orders-queries@rodopi.nl —— http://www.rodopi.nl